I0058007

9 781861 861160

والحب إذا هوى
إنها بكماء

دار حروف منثورة للنشر والتوزيع

الطبعة الأولى

الكتاب: والحب إذا هوى

المؤلف: بسمة السيد

تصنيف الكتاب: رواية

تصميم الغلاف: فريق الدار

تنسيق داخلي: فريق الدار

مراجعة لغوية: محمود ربيع، مؤمن عفيفي

رقم الإيداع: ٢٠١٩/٢٧٥٦٤م

مؤسس الدار

مروان محمد

Website: https://horofbooks.com

Fan page: http://facebook.com/horofsbooks

Email: info@horofbooks.com

هاتف جوال: ٠٠٢٠١١١٣٠٠٦٢٩٦ - هاتف جوال: ٠٠٢٠١٠٦٤٠٥٤٩٩٥

رواية

والحب إذا هوى

إنها بكماء

بسمة السيد

إنـها بـــكماء

عندما يجمع الحب بين قلبَي أعمى وبكماء، فهل هناك سبيل للحياة؟

أحداث القصة تقع في التسعينات.

المقدمة

مد يده؛ ليعاونني، ولكنّي أظنه مدّها لأعاونه.
جاءني وحيدًا، مكسورًا، مجروحًا، يبحث عن ملاذ آمن يسكن إليه.
فكنت أنا السكن والونَس.
وكان هو العائلة والأمل.

١

تُقدّم له القهوة بيدٍ مرتعشة، لا يراها فلم يلحَظ الخوف والتردد البادي على ملامحها وهي تنحني قليلًا؛ لتضع صينية القهوة على المنضدة الصغيرة أمامه.

استأذنت للمغادرة فأشار بوهنٍ لها، كادَت تخرج وتغلق باب غرفته وراءها، ولكنها لم تغادر، أوصدَت الباب وبقيَت ساكنة تطالع ذلك العاجز الجالس منكسرًا على مقعده، سحب نظارته السوداء التي تخفي عينيّه عنهم، تركها جوار الصينية بعد أن تحسّس موضعها.

أراح مؤخرة عنقه على حافة مقعده، ثم سمح لدمعة ساخنة أن تهرب من بين جفنيه قبل أن يئِدها بجانب سبابته، لم تتمالك نفسها، فانهالت دموعها لتضع يدها سريعًا على فمها؛ لتكممه حتى لا يشعر بوجودها.

تتناحر المشاعر داخلها، تلعن اضطرارها لفعلتها، فتتثاقل عليها لحظات انتظارها.

يعتدل في جلسته ليقترب من الصينية؛ فيتحسس بحذر موضع فنجان قهوته حتى حمله، ازدادت عيناها اتساعًا وهي تراقب اقتراب الفنجان من شفتيه، كاد يلمسه أخيرًا؛ فاندفعت إليه صارخة وهي تدفع الفنجان، فيسقط من يده وتتناثر قطرات القهوة الساخنة عليهما:

- بهيّ، لا تشربها.

أفزعه ما حدث، فهتف بحروف ازدادت ثقلًا بسبب انعزاله منذ سنوات:

- أميرة، ما الأمر؟

انتحبت أميرة، وانحنت تقبّل قدميه:

– سامحني أخي، ليتني مِتّ قبل أن أطيع شيطاني.

شعر بتخبط داخله، لم يفِق بعد من كارثة وفاة والده الأسبوع الماضي، والآن كان سيقع ضحية لأخته.

أبعدها عنه بقسوة، فمنعتها المنضدة عن تركه:

– وسوس لي زوجي أن أضع لك السم؛ ليعود إلينا ميراثنا الشرعي، أبي من دفعنا لذلك عندما ترك لكَ كل أملاكه.

اختل توازنه فسقط جالسًا على المقعد الذي تركه منذ قليل، بينما هي متشبثة بساقيه:

– غبية، فعلها أبي خوفًا عليكُنّ، يعلم أنّي ملكُكنّ.

تشنجت ملامحه نفورًا وهو يجاهد؛ ليخرج حروف كلماته:

– يعلم أن أزواجكن الخمسة طامعين حاقدين، سيُضيّعون بطمعهم ما أفنى عمره في بنائه.

أغرقت حذاءه بدموع ندمها:

– أوغر زوجي قلبي حقدًا عليك.

ضحكة ساخرة شردت تهكمًا منه:

– تحقدين على أعمى! أنتُنّ فقط عائلتي، وكل شيء تحت أقدامِكُن، ليس لي في هذه الدنيا غيرَكنّ! لا زوجة ولا ولد.

اعتصر الألم قلبها، آذته الآن كما آذته من قبل وحرمته من حقه في حياة طبيعية وهو جاهل.

اعتدلت جالسة تحت قدميه، مسحت دموعها وقد عزمت أمرها على كشف السر الذي تخفيه منذ ثماني سنوات:

– بل لكَ يا بهيّ.

حرك وجهه اتجاه صوتها، عيناه متسعتان ذهولًا، لسانه لا يطاوعه؛ ليُخرج حروفه المتلعثمة لتجتمع في كلمة واحدة:

- ماذا؟!

تنفست ودقات قلبها تتصارع لتزفر ذلك الهواء السام من روحها الآثمة:

- طليقتك كانت حاملًا.

لم يستوعب ما تقول، مذهولًا مصدومًا يتمنى لو كان الموت رحيمًا فيلتقمه، بينما تكمل أميرة وهي تكتم قطرات المياه الساقطة من أنفها بأطراف أصبعي الإبهام والسبابة:

- عندما طردتُها كتبَت ذلك في ورقة أعطَتْها لك.

لا يصدق قولها، تكذبها أذنيه:

- لا، أنتِ كاذبة.

أرادت أميرة إزاحة ذلك الثقل الجاثم على صدرها:

- أصابك نزيف وقتها، وأعطتني ممرضتك تلك الورقة، كنت غائبًا عن الوعي ولم تنتبه للأمر.

لمعت عيناه، ولكنه أجبرها على الصمود؛ فنطق بصعوبة:

- من أين لكِ بكل تلك القسوة يا ابنة أمي وأبي؟!

عادت لانتحابها وتقبيل قدميه:

- وسوس لي زوجي كالشيطان الرجيم.

دفعها بعيدًا عنه، ثم نهض ساحبًا إياها من ذراعها وهو يتخبط بدون عصاه، ووسط بكائها وصراخه العالي اتهمها متلعثمًا:

- بل أنتِ الشيطان نفسه.

ألقاها خارج غرفته، في الوقت الذي اجتمع فيه أهل البيت؛ ليتَبَيَّنوا سبب صراخه، ولكنه أغلق بابه خلفها بعنف، بينما أميرة تطرقه بغلظة وهي تبكي بلوعة:

- سامحني أخي، سامحني بهيّ، افعل بي ما تريد، ولكن أرجوك سامحني.

يسمع بهيّ تداخل صراخ وعويل أمه وأخواته أمام غرفته، وكأن ما حدث يوم وفاة والده يتكرر؛ ساحة معركة قادتها أمه ضد بناتها وأزواجهن، وكان أسرعهم فرارًا زوج أميرة الذي تركها لنيران أمها وبقية أخواتها قبل أن تنفّذَ وعيدها وتتصل بالشرطة؛ لتسجنه بتهمة شروعه في قتل ابنها الوحيد.

سقط أرضًا مستندًا على الباب، يشعر بالعجز وقلة الحيلة، فقد تلاحقَت عليه مصائب الدهر تباعًا ولا يملك للصمود سبيلًا، له طفل لا يعلم اسمه ولا حتى جنسه، وأخته ببساطة أرادت قتله، ليسأل نفسه:

- ماذا فعلت يا بهيّ لتكن حياتك بهذا الشكل من البؤس؟! أي فعل ارتكبتَ لتنال هذا العقاب؟!

فتلاحقت الدموع على وجنتيه:

- أهذا ذنب خذلاني لكِ يا أمانة؟

******

٢

تقف بداخل محل الكشري الصغير أسفل شقتها تجهز الأطباق المطلوبة من إحدى الطاولات في ساحة الحارة وأمام محلها مباشرة، لم تكن منتبهة لمتلصِّصي النظر إليها.

وضعت الأطباق على صينية صغيرة وأعطتها للصبي المساعد لها، ثم الْتفتَتْ لتغسل الأطباق بسرعة وهمّة، لم تستمع للجلَبَة التي وقعت بالخارج، فقد حباها الله بفقدان السمع، جذبها ابنها أمين ذو السنوات السبع من جانب عباءتها السوداء الفضفاضة؛ فنظرت له مبتسمة، فحدّثها بأصابع يديه وملامحه مستاءة أن أحد الزبائن يتشاجر مع عامر مساعدها بسبب الطعام.

أسرعَت "أمانة" بمسح يدها بمنشفة صغيرة أثناء اتجاهها للخارج يتبعها ابنها أمين، لتجد شابًا طويلًا يبدو عليه القوة والشراسة ممسكًا بعامر من قميصه، صفّقَت أمانة بيدها؛ لتثير انتباههم، فنظر لها الشاب بوقاحة، أشارت له أمانة أن يبعد يده عن الصبي، فابتسم بخباثة وهو يبعد يده عنه، ثم يرفعها ملوحًا في الهواء:

- ستَّ الكل، يرضيكِ أن يضع أصبعَه في طعامي؟

أقسَم عامر أنه لم يفعل واستشهد بأمين، ولكنها تعلم بالفعل أن الرجل كاذب، فأشارت لمساعدها أن يدلف للداخل، ثم حملت الصينية بهدوء بإحدى يديها وبالأخرى أشارت بطريقة بسيطة ليفهمها الشاب أنها ستحضر له غيره، ابتسم الشاب لرفيقيه، فقد وقعت المرأة بفخه وستخدمهم بنفسها.

أحضرت أمانة أطباقًا أخرى، ثم تمَّمَت على حجاب رأسها بعد أن حذّرت ابنها ومساعدها بألا يخرجا إلا بأمرها، حملت الصينية واتجهت لطاولة الشبان الثلاثة، ثم شرعت بوضع الأطباق على

المنضدة، وضعت كوب الماء الكبير جوار الشاب المشاكس، فما كان منه إلا أن أمسك يدها معتمدًا على كوّنها بكماء لا تنطق، ظنّ أن لا حول لها ولا قوة وستستجيب، وكانت تلك اللمسة هي دعوة لشيء أكبر، خاصة أنه يدقق النظر إليها بوقاحة، لم تمهل أمانة نفسها للتفكير؛ فضربَت الشاب بالصينية فتناثرت أسنانه الأمامية قبل أن يسقط أرضًا بمقعده من شدة الضربة، اندفع صديقاه فأسقَط أحدهما الطاولة وما تحمله أرضًا، بينما شَهَر أحدهما سلاحه الأبيض في وجهها؛ فتراجعت خوفًا.

تلفتَت حولها لعلها تجد مغيثًا انتبه لورطتها، وبالفعل جاء العون على يد صاحب المقهى البلدي الغير بعيد عنها، فقد كان المعلم توفيق يراقب الموقف منذ لمحها تدلف حاملة لصينية الطعام، فأمر عماله بإمساك الشبان الثلاثة عندما رآها تضرِب أحدهم.

وقف المعلم توفيق أمام الشبان ناظرًا لهم باحتقار:

- بئسًا فعلتم، كيف تجرؤن على الاقتراب بأحد نساء الحارة؟! أتظنون ألا وجود لرجال هنا؟!
ثم نظر لأمانة:

- اؤمري أمّ أمين، أمرهم بيدكِ الآن.
ضمت أمانة كف يُمنَيْها لصدرها، ثم رفعته أمام جبهتها امتنانًا للرجل، فهز الرجل الوقور رأسه:

- هذا واجب علينا أم أمين، وسألقنهم درسًا لن ينسوه.
بدا الخوف على ملامح الشبان الثلاثة بعد توعّد المعلم توفيق لهم وتشديد عماله على تقويضهم، ولكن أمانة لم تكن ممن يثيرون المشاكل؛ فأشارت للمعلم أن يطردهم خارج الحارة، لم يعجب

المعلم توفيق ذلك، فأخبرها بصوته الغليظ وهو مبطأ الحديث لتقرأ شفاهه:

- إن تركتِ حقكِ فهذا شأنك، أما حق الحارة فأنا كفيل به.
  ثم نظر للشبان بتوعد:

- للحارة هيبة لن يهزها هؤلاء الوقحون.

***

أغلقت أمانة محلها، وأعطت عامر باقي اليوم أجازة، فضَّلَت الاعتصام ببيتها مع وحيدها على مشاهدة عقاب المعلم توفيق للشبان الثلاثة.

نادرًا ما تتعرض للمضايقات، فجميع زبائنها من أهل الحارة العاملين بها أو أرباب الورش وصبيتهم بالحواري القريبة.

استأذنها أمين أن يلعب بعد المغرب مع أصدقائه بالحارة ككل يوم، فوافقت بعد أن وعدها بألا يتهرب من صلاة المغرب جماعة كالأسبوع الماضي، وبعد مغادرة أمين وجدت المصباح الملحق بباب شقتها ينير، وما كان ذلك سوى علامة على وجود من يطرق الباب، ففتحته؛ لتجد السيدة خضرة زوجة صاحب المنزل أمامها، فحيَّتها ودعتها للدخول.

بعد التحية وتقديم واجب الضيافة فاتحتها السيدة خضرة سريعًا فيما جاءت لتعرضه عليها، فتحدثت بكلمات وجيزة وبنطق واضح ليسهل على أمانة قراءته:

- جئتُ إليك بعرضٍ كريم من المعلم توفيق صاحب المقهى بالحارة.

تحفزت أمانة، فالأمر لا يحتاج لكثير من الذكاء وبفطرتها البسيطة استنتجت أن في الأمر عرض زواج.

استمرت السيدة خضرة بالحديث ببطء:

- يعرض عليكِ الزواج.

كانت أمانة شخصية حاسمة، فابتسمت للسيدة وأشارت بطريقة بسيطة لتفهمها السيدة:

- ابني هو الدنيا بما فيها.

فسارعت السيدة التي تبدو متحمسة للموضوع:

- سيربي معكِ أمين كولده، هكذا طلب من زوجي أن نبلغك.

هزت أمانة رأسها علامة الرفض، وأشارت بكلتا يديها:

- لا أريد الزواج، أريد تربية ابني فقط.

حاولت السيدة إقناعها:

- ابنتي، أنتِ في عز شبابك، لا تفنيه في تربية طفل، تزوجي ليكن لك سندًا يحميك من الطامعين.

كانت كلمات السيدة خضرة إشارة على شجار اليوم، ولكن لم تهتم أمانة بالتعليق، فاكتفَت بإغلاق ذلك الباب؛ فأشارت بحسم:

- ابني سيحميني.

**

كانت تعلم الصعاب التي ستواجهها عندما أقدمت على فتح ذلك المشروع أثناء حملها بابنها أمين، ورغم ذلك لم تتراجع عما عزمت عليه؛ فهو مصدر الدخل الوحيد لتربية ابنها وإغنائها عن الحاجة.

لم تسلم من القيل والقال، ولكن فقدانها لنعمتيّ السمع والنطق كانا هدية من الرحمن؛ لتتمكن من الصمود، يرون أمامهم امرأة في بداية مرحلة الشباب بدون رجل، غنيمة يسعون للانقضاض عليها، لم تحجبها عباءتها الفضفاضة ولا حتى حجابها الطويل من أصحاب النفوس الفاسدة، فحادثة اليوم لم تكن الأولى، وتعلم أنها لن تكون الأخيرة، صبرَت ولم تلتفت سوى لتدبير رزقها وتربية

طفلها، وبتوالي السنوات وسيرتها الحسنة استطاعت زرع الاحترام والتقدير في قلوب الجميع.

والآن يستغل صاحب المقهى الوضع لطلب يدها، يريدها زوجة ثالثة، يريد منها الولد؛ فكل ذريته إناث، لا يرضى بقسمة الله، يظنها مضمونة الذرية وستجلب له الولد حامل الاسم وصاحب الورث، عقل جاهل، كغيره ممن تقدم للزواج منها مسبقًا.

دلفَت غرفة بهيّ الصغيرة والتي أغلقتها منذ طلاقهما، لا تدخلها سوى مرّة شهريًا لتنظيفها، فتحت دولابه، ملابسه كما تركها، نظرت لها بحزن، ثم حملت الصندوق الخشبي الصغير الموضوع جانبًا. فتحته، ثم سحبت منه صورة فوتوغرافية صغيرة تجمعهما، الصورة الوحيدة التي تمتلكها له.

جلست على طرف فراشه، تنظر للصورة بشوق محدثة نفسها:

- قلبكَ أعمى عن حبي، وأنا خرساء وليس ذنبي، أقسمتَ أني أمانتك، ولكنكَ خُنتَ عهدي، أكان يستحق ما حدث خذلاني وإنكار حبي؟!

سقطت دموعها تباعًا، ولكنها أعادت الصورة لمكانها، ثم نهضت لتضع الصندوق بموضعه قبل عودة ابنها:

- تركتُ للرحمن تولي أمري، فلا تلومني على بعدي.

******

٣

حل الهدوء بالمنزل بعدما طردت أمّ بهيّ بناتها وأزواجهن جميعًا، حاولت الدخول لابنها، ولكن غرفته موصدة، بقيَت جوار الباب ساعات ترجوه أن يطمئنها عليه، ولكنه لم يستجب، فتلك الساعات غادر فيها حاضره المؤلم ليعيد رؤية حياته....

بدأت رحلته حينما كان طفلًا مدللًا في الثامنة من عمره، دائمًا يطرده أقرانه من اللعب، وبّخَه أحد الصبية الأكبر سنًا والأقوى جسدًا، وهو يدفعه ليسقط أرضاَ مفسدًا ملابسه القيمة:

- أنت فاشل لا تجيد اللعب، غير ماهر، ومتلعثم لا أحد يفهم منك كلمة.

غضب بهيّ من إهانة الصبي له، فنهض سريعًا واشتبك معه في عراك انتهى بهزيمة بهِيّ بعدما اجتمع باقي الصبية ضدّه.

بكت الطفلة سالي جارته والتي تصغره بأعوام قليلة وهي تراه تحت أقدامهم، كانت سالي قليلة الحيلة لا تجيد التصرف، عكس رفيقتها الصغيرة سلمى التي جذبتها من ذراعها؛ ليركضا في اتجاه مدخل الحارة، وهي تنطق بحروف ضائعة نتيجة فقدانها لأسنانها الأمامية:

- عادل في درس القرآن، سنذهب إليه ونخبره.

ركضت الصغيرتان حتى وصلتا لباب الجامع، وبعينين متطفلتين بحثتا عن عادل بين الصبية الكبار المجتمعين في حلقة حول الشيخ لمراجعة وردهم من القرآن، وجداه بعيدًا عن الشيخ ربما هربًا منه لتأخره في الحفظ، أو ربما أنهى دوره في التسميع، لم تكن تفهم أي من الصغيرتين الوضع الآن، فعلى كل حال لن يتقدما إلى صفوف الأطفال إلا عندما يبلغا الخامسة العام القادم، حاولَت سلمى نداءه بصوت منخفض، ولكنه لم ينتبه إليها،

وخشيت أن ترفع صوتها فينتبه الشيخ، وربما عاقبها بعصاه الغليظة الموضوعة جواره، حملَت سالي بضع حصى من الأرض ثم قذفت عادل بإحداها فلم تصبه الأولى، ولكن الثانية آلمَت جبهته، فنظر متأوهًا اتجاه الباب ليجد الطفلتين تشيران إليه.

أغلق عادل مصحفه وتركه جانبًا، ثم أحنى رأسه، وتحرك بحذر وسط أقرانه حتى لا ينتبه له شيخه، وعندما اقترب من الباب همس:

– ما الأمر؟ لمَ حضرتما؟ لو انتبه لنا الشيخ سيعاقبنا.

عادت سالي للبكاء، بينما أخفضَت سلمى رأسها حزنًا:

– يضربون بهيَّ في الحارة.

بدا الاستياء على وجه عادل، وكان صبيًا في الثانية عشر من عمره سريع الغضب ومتهورًا في تصرفاته إلى حد ما، فألقى نظرة سريعة على الشيخ المغمض العينين وهو يستمع لتلاوة طالبه ويصحح له النطق من حين لآخر، فوجدها فرصة سانحة للخروج خلسة.

خرج عادل من المسجد، وركض حافيًا اتجاه منازلهم، بينما الطفلتان تجاهدان للحاق به.

انقضّ عادل على الصبية يبعدهم عن صديقه الصغير، وهو يكيل لهم الصفعات والركلات، وبالفعل أخرج بهيَّ من بينهم، فأبعده ليبقى قريبًا من الطفلتين، ثم توجه لزعيم الصبية والذي أراد في الحقيقة مضايقة عادل عن طريق إيذاء صديقه؛ فجذبه من شعره، ثم أحاط عنقه تحت ذراعه، لم يكن الصبي بمثل قوة عادل فلم يتحمل الأمر، خصوصًا مع ابتعاد مرافقيه خوفًا من عادل، بكى الصبي ورجاه أن يتركه وألا يعيد الكرّة مرّة أخرى؛ فشدد عادل قبضته على عنقه أكثر:

– إياك أن تقترب أنت أو غيرك من بهيّ، أو حتى سلمى وسالي، بل سأحاسبك أنت إن اقترب أحد آخر منهم ولم تمنعه عنهم، هل فهمت؟

صرخ الصبي وهو ينازع:

– فهمت، اتركني، لن أعيدها.

تركه عادل، واتجه إلى الأطفال الثلاثة، كانت سالي مشغولة مع بهي في مساعدته على الوقوف، بينما سلمى تراقب عادل بسعادة.

هز عادل كتف بهي، ووبّخه:

– كيف تتركهم يضربونك؟! اضربهم بقوة المرة القادمة.

بكى بهي ونطق بتلعثم:

– يعيبون على نطقي.

هدأت ملامح عادل:

– لا عيب فيك، ولا تهتم بكلامهم، امسح دموعك، والعب مع سلمى وسالي حتى أنهي الدرس، سأعود للمسجد قبل أن يلحظ الشيخ غيابي.

جرى عادل عائدًا للمسجد، بينما جلس بهي على الرصيف يظن نفسه ضعيفًا يحتاج لقوة صديقه، سيراه الجميع دائمًا ابن الجواهرجي متلعثم اللسان، لن يرى أحدهم بهيًا على حقيقته، يغفل أن الطفلة التي تجاوره تراه كما هو، جذبته سالي من ذراعه:

– هيا نلعب مع سلمى بالبِلْي "كرات صغيرة زجاجية متعددة الألوان".

رفض بهيّ دعوتها، فصاحت محذرة:

– سلمى أحضرَت بِلْيَ عادل من المخبأ، ولو خسرَته سيضربنا.

***

تمر السنوات تباعًا، تزداد فيها وسامة بهيّ كما تزداد عقدة لسانه وإحساسه بالعجز، فصار منعزلًا عن الناس؛ مما ساهم في تدهور نطقه، لازم والده في ورشة صياغة الذهب، هربًا من البقاء وسط الناس خشية نظرتهم إليه، لم يفهم الأب ذلك، ظنه يحب معاونته؛ فقربه منه أكثر حتى مكنه من الحرفة، فذاع اسم بهي بين ورش ومحلات الذهب بأنه الفنان صاحب الأفكار والأصابع الذهبية، بينما أمه تزداد تدليلًا لوحيدها، فهو الرجل بين خمسة بنات، ترتيبه الثالث بينهم، يرضيها كي يتخلص من كثرة أحاديثها عن زواجه، فمن سترضى بمثله وبظروفه والتي يعيها الجميع إلا والديه.

حسم والده الأمر بعد فترة؛ فألحقه بالعمل عند أحد أصدقائه صاحب مصنع الماكينات الشهير، لم يفهم بهي السبب وقتها، ولكنه اضطر للانصياع لأمر والده؛ فقد كان غرضه إجباره على العمل ليحتك بعمال المصنع لتحسين نطقه، وبالفعل سنة واحدة أتت بثمارها، فقد أصبحت كلماته أكثر وضوحًا، وفهم لغز عمله كعامل بأجر بسيط.

لم يضايقه سوى إلحاح والدته عليه بالزواج، ورغم علمه المسبق بكونه مرفوضًا إلا أنه يرضخ لها طوعًا، ومع كل رفض يزيد ضيقه ونفوره من أمر الزواج، حتى رشّح له صديقه الوحيد عادل سالي؛ فالفتاة على دين وخلق ومن أسرة كريمة، تربوا معًا وتفهم نطقه بسهولة، ولكن مالم يخبره به عادل أن الفتاة تميل إليه، كان عادل يلحظ ذلك على مدار سنوات؛ لأنه مثلها يحب صديقتها سلمى.

خطب بهي جارته سالي، وظن بذلك أنه سيملك راحة البال، خصوصًا أنه أيقن أن سالي تحبه وتحاول دائمًا التقرب منه، بينما هو لا يعلم لمَ يتفنّن في السيطرة عليها.

خاضَت سالي أثناء خطبتهما مشاكل لا حصر لها مع بهي ومع أمه وأخواته، تعلم أن السبب وراء أفعاله هو عيب نطقه؛ فحاولت بجهد كبير صرف انتباهه عن ذلك الأمر دون جدوى، دائمًا تشتريه، فتتحمل من أجله، وتخفي عن عائلتها ما يحدث معها.

كان بهي دائم السعي للوصول إلى أقصى طاقتها، يريد أن يعلم إلى متى ستتحمله، إلى متى لن تعايره بعيبه، خيّبَت سالي كل ظنونه؛ فهي المُحِبَّة له منذ الطفولة دون أن يلتفت إليها، تشتريه دون أن يقدر جميلها، تشتريه ولا تعلم أن الثمن هو كرامتها.

***

عزمت سالي أن تريه أمرًا قد يساعد في حل مشكلة عدم ثقته بنفسه، فاصطحبته إلى أحد دور رعاية الفتيات الأهلية، ولكنه لم يكن مكانًا عاديًا فقد كان ذو طبيعة خاصة، ذلك المكان يضم فتيات بلا عائلة وبلا صوت، هي دار رعاية صُمّ وبُكم.

دخل بهي الدار ولم يستوعب بعد قصد خطيبته، ولكن لفت انتباهه أن الجميع يعرفها ويبادر في مصافحتها، خاصة الفتيات اللواتي ملَأن المكان حياة بحيويتهن رغم صمتهن الإجباري.

شعر بالحرج داخله وهن يُحِطْن خطيبته مبتسمات، ويتبادلن الأحاديث بلغة الإشارة التي اكتشف أن خطيبته تجيدها ببراعة، ابتسمت سالي له، ولكن تفاجأت به يسحبها من وسطهن غاضبًا موبخًا بحروف ثقيلة:

- لمَ أحضرتِني لهنا؟ تريني أنك تفضلتِ عليّ بموافقتكِ على الخطبة، تريني كم أنتِ بارعة في التعامل معهن، وأنا بالنسبة إليك حالة سهلة.

اضطربَت سالي من قسوته معها، خاصة أنه يشدد قبضته على ذراعها، تنفي بإشارة من رأسها اتهاماته، بينما عيناها تجوبان وسط العيون المحدقة بها.

ارتفع صوت بهيّ قليلًا متلعثمًا:

- أحضرتِني وسط بنات الزنا؟!

شهقت سالي لحظتها، فوضعت كفها على فمها، في نفس اللحظة التي صرخ فيها بهيّ تاركًا ذراعها حرّة، وضع يده على جبهته ليجد كفه غرق بدمائه، نظر أمامه ليجد تلك الواقفة بتحدٍ على الدرجة قبل الأخيرة من السلم القريب منهم.

أسرعت سالي بفحصه في خوف، بينما هو يهدر بحروف مكررة:

- أيتها الحقيرة سأقتلك.

لتشير الفتاة بيدها عدة إشارات لم يفهمها، بينما اقتربت منها بعض الفتيات يشرن إليها بعلامات تأييد، وأسرعَت أخريات إلى مكتب المشرفات، وأخرى أحضرت لسالي علبة إسعافات أولية.

اتجهَت الفتاة ناحية سالي تمنعها من مساعدته، فعاتبتها سالي:

- كيف تفعلين به ذلك يا أمانة؟!

"أمانة" إحدى فتيات الدار، جاءت إليها في عمر ستة أشهر، وهي من ساعدت سالي في تعلم لغة الإشارة، عندما قررت سالي بعد خطبتها بقليل التطوع في الدار لمساعدة الفتيات، وقد نمَت بينهما صداقة وثيقة.

كانت أمانة تجيد قراءة الشفاه؛ لذلك ردت على سالي بالإشارة:

- هو مغرور، ينعتنا بأبناء زنا، ولم تحركي ساكنًا، أنت تخافين منه، أما أنا فلا، اتركيه غارقًا في دمائه، ربما يموت ونستريح.

كانت سالي تطهر الجرح، وبين فينة وأخرى تنظر لأمانة لتفهم ما تقول، وبهي يصرخ بها أن تخبره ما تقول تلك الفتاة لها، بينما أمانة تنظر له بتشفٍ واضعة يدها في خصرها.

حضرت المشرفة بصحبة فتيات معروف عنهن أنهن عصافير الدار، فكل حدث كبير أو صغير ينقل بتوليفة بهارات خاصة للمشرفات في مكاتبهن، أسرعت كثير من الفتيات في الاختباء خشية بطشها، بينما من بقِين نظرن أرضًا في خوف، عدا أمانة التي ظلّت عالية الهامة، ارتفع صوت المشرفة في المكان، بينما يدها تترجم كلماتها؛ لتفهمها جميع الفتيات:

- ماذا حدث هنا؟ كيف تتجرأن على إهانة أحد ضيوفنا؟ كلكن معاقبات، خاصة أنتِ يا زعيمة العصابة.

قالتها وهي تشير على أمانة، بينما اقتربت من بهي معتذرة، استغلَّت سالي قربها لتثنيها عن قرارها، مدعية أن الحادثة لم تكن مقصودة وبالتالي لا يلزم عقاب أحد، ولكن أصرّ بهي على توقيع أشد عقاب على الفتاة التي استغلت فرصة أن المشرفة لا تراها فأخرجت لسانها نكاية ببهي، وعَدَته المشرفة بتوقيع عقوبة مُرضِية على أمانة، دَعته وسالي ليرافقاها لمكتبها لتضيفهما ولتعتذر لهما بشكل لائق، اعتاد ضيوف الدار من الكرماء أن يتبرعوا من فترة لأخرى بأموال وأغراض عينية تساعد في استمرار عمل الدار، وهي تتوسم في بهي عطاءً مجزيًا رغم ملامحه الصارمة وغضبه المبرر.

******

٤

عقب إهانة بهي لبنات الدار وتصدي أمانة له لم تجد من يؤازرها، بل ستنال عقابًا قاسيًا؛ فأسرعت بالاختباء في دورة المياه حتى لا يراها أحد وهي تبكي.

عاشت ما يقرب من ثمانية عشر عامًا بين جدران الدار، لم تعرف لها بيتًا سواه، ولم تكن لها عائلة غيره.

سألت يومًا إحدى مشرفات الرعاية عن عائلتها، فأجابت أن جدتها لأمها هي من أودعتها، كانا والداها شابين صغيرين، شاء القدير أن يتُوفَّيا بحادث، وقد حاولت جدتها رعايتها، ولكن صعب الأمر على عجوز فارقت الستين على استحياء، فأمانة كانت رضيعة بكماء عمرها لا يتجاوز ستة أشهر.

كانت الجدة تداوم على زيارتها أول شهرين، ثم اختفت، وبالصدفة عرفَت إدارة الدار بوفاتها، أصبحت وحيدة، لا تعرف عمًا أو خالًا يرعاها.

وقد تعلمت كما تعلم كل من بالدار أنهن جميعًا أخوات، لا يهم من أين جاءوا، ولكن المهم أنهن عائلة؛ لذلك لم تتصور يومًا أن هناك كلمة أقسى من يتيمة حتى أتى بهي ليؤذيها بسبة قاتلة.

لم يمنحه أحد الحق في وصمهم بالعار، ولم يعطيه أحدٌ حكمًا مسبقًا على هويتهم، كان بهي يمثل نظرة مجتمع لا يرحم، يتهم من تتربى بدور رعاية أنها ابنة بِغاَء، لتظل طوال عمرها موصومة بعار ليس له وجود سوى في قلوب مريضة.

***

ساءت الأمور بين بهي وسالي كثيرًا، فدوامة المشاكل لا تنتهي أبدًا، تدهور كل شيء، وفي لحظة تسرّع فسخ الخطبة.

انحازت والدته إليه، فعلي كل حال كانت تنظر لسالي وعائلتها باستعلاء، حيث كانت عائلة سالي فقيرة، ولم تكن الزيجة من البداية برضاها.

أما والده فقد ثارت ثورته على وحيده، فقد فسخ الخطبة بطريقة غير لائقة، ودون الرجوع لوالده، لقد تسبب بهي بحمقه في خسارة والده لصديقه وجاره أبو سالي، وأضاع على نفسه فرصة الاستقرار مع زوجة صالحة راضية به، اشتعل الشجار بين بهي ووالده، ومع تدخل الأم وصل الأمر للطرد من المنزل.

استأجر شقة صغيرة قريبة من المصنع؛ ليسهل عليه الوصول إليه، وقد أصبح ذلك العمل مصدر دخله الوحيد، ورغم بساطة ذلك الدخل إلا أن بهي لم يلحظ ذلك؛ فمصاريفه الشخصية بسيطة، حتى أنه كان يحتفظ براتبه من ورشة الذهب في البنك كاملًا منذ عدة سنوات.

***

مرت شهور على طرد بهي من جنة أبيه، لم يقدّر يومًا نعمة مكوثه وسط عائلة تفهم ثقل لسانه، دائمًا ضاجر يظن ألا يفهمه أحد، يشعر بالدونية وسط الناس، وبقاؤه وحيدًا زاد من ألمه وحنينه لسالي، تلك الفتاة التي لم يقدّر مزاياها إلا بعدما تركها، فأصبح يتابعها من بعيد حتى لا تنتبه إليه.

لم تخفّ وطأة الأيام إلا عندما واظب على قضاء بعضًا من وقته بدار الرعاية؛ فقد استعانت به إدارة الدار معلمًا متطوعًا للرسم والفنون.

علمت سالي بذلك عندما قابلته صدفة هناك، فامتنعت عن الذهاب، الكل مُرحِبٌ به بالدار عدا القطة الشرسة التي ناصبته العداء، "أمانة" لم تنس ذلة لسانه أول يوم بالدار، وزاد عدائها بسبب فسخ خطبته من صديقتها.

أصبحت البكماء لا تتوانَى عن مضايقته بمقالبها السخيفة، يعلم أنها الفاعلة، ولكنه لم يشكوها يومًا، تؤانسه مقالبها ليلًا فيضحك وهو يتذكر مذاق أكواب الشاي التي خلطت بجميع توابل المطبخ المتاحة، ورغم ذلك لم يمتنع عن طلبه يومًا، بهي لا يجيد الاعتذار، ولكن جعل من عمله وسلوكه في الدار اعتذارًا فعليًا وليس قولًا يُنسى.

أمانة الوحيدة التي لا تحضر دروسه، ولكنه شك أن رفيقتها تنقل لها الدروس، وتنسب مشغولاتها المعدنية لنفسها؛ ليقيمها، يظنها تكرهه كما يكره نفسه.

***

لم يذهب بهي لعمله في أحد الأيام، فقد توجه صباحًا للمكان الوحيد خفيف الظل على قلبه، توجه لدار الرعاية، وهناك رأى مشاكسته البكماء جالسة تحت شجرة منزوية تبكي، لا يعرف ما الذي دفعه للاقتراب منها، فجلس أرضًا جوارها.

مسحت دموعها وهمَّت بالنهوض، أشار إليها بيده دون نطق أن تبقى وتخبره عما يضايقها، لم تعره اهتمامًا وتركته، فلحق بها حتى وقف أمامها سائلًا بلغة الإشارة:

- أمانة، هل ستظلين غاضبة مني؟ لن أكرر خطئي، أخبريني ما السبب في بكائك؟

بعينين لامعتين أشارت له بيديها:

- لا شيء، دعني وشأني.

أشار لها بهي:

- إذًا ما زلتِ غاضبة مني.

أشارت أمانة:

- لم تسِئ لي وحدي، فقد كسرت بقلب صديقتي أيضًا.

أغمض عينيه لبرهة، ثم فتحهما ونطق بحروف متلعثمة:

- لقد ردَّتُها لي، خطَبتُ سالي، وسيُعقد القِرَان بعد أسبوع.

أشارت بيديها بعد أن قرأت شفاهه:

- هذا أفضل، أظنها اختارت هذه المرة بعقلها وليس قلبها.

هز رأسه ناطقًا بتلعثم:

- ربما.

غابت أمانة لدقائق، ثم عادت حاملة فنجانًا من القهوة لبهي الجالس على أحد مقاعد الحديقة الخشبية، طالعها بهي بتشكك ولم يمد يده لأخذ القهوة منها، ثم نطق متلعثمًا:

- هل بها سم للفئران هذه المرة؟

ابتسمت أمانة لتطمئنه وهي تناوله القهوة، ثم أشارت له:

- كنتَ تعرفُ أنني من يفعلها؟

أومأ برأسه إيجابًا، فأشارت وعلى وجهها علامات حزن:

- لا تقلق، لن تجد من يفسد شايَك وقهوتك بعد ذلك.

لم يفهم بهي قصدها، فأشار لها أن تجلس على المقعد المقابل له؛ ففعلت، ارتشف من قهوته قليلًا، وبحروف ثقيلة سألها:

- هل عفَوتِ عني، أم أن هناك أمرًا تخفيه وكان سببًا في بكائك منذ قليل؟

جلسَت وقد كسا الحزن ملامحها، ثم أشارت له ببطء:

- أيام وأتم الثامنة عشر.

ابتسم بهي، ونطق بحروف مكررة:

- كل عام وأنتِ بخير، ذلك خبر يدعو للاحتفال، وليس العبوس.

أشارت أمانة:

- يجب أن أغادر الدار.

سألها بهي:

- لمَ؟!

أشارت أمانة بحزن:

- إنها قوانين دور الرعاية.

سألها مرة أخرى:

- أين ستذهبين؟ هل لكِ أقارب؟

علَت الخيبة وجهها، ثم بابتسامة منكسرة أشارت:

- وهل لو كانت لي عائلة كنت سأبقى هنا؟

اعتذر منها بهي بلغة الإشارة:

- آسف؛ آلمتُكِ.

أشارت إليه:

- لا عليك، هي حقيقة لا مهرب منها.

سألها بتلعثم:

- لمَ لَمْ تحدثين أحدًا من المشرفات أن تبقِي؟ يمكنهم توفير عمل لك هنا.

أشارت أمانة:

- لقد تقدم لهم الطباخ بطلب الزواج مني.

فهم من ملامحها أنها غير راضية:

- لذلك بكيتِ؟ أنتِ مجبورة على الموافقة؟

تساقطت دموعها دون إرادتها، ولكن مسحتها سريعاً بظهر يدها، فسألها:

- مادامت الدار من ترشحه لكِ إذًا هو شخص مناسب.

أشارت مدافعة عن إحساسها:

- لا أشعر بالراحة بوجوده، نظراته غير بريئة، لا أريد حياة تعيسة لمجرد أنه سيوفر لي بيتًا.

حل الصمت عليهما، فسكنت يداهما، وشرد كلاهما في مصيرهما الذي لا يعلمان ما يخبئ لهما.

قطع بهي صمتهما الذي طال بكلمات بطيئة ضغط على كل حرف بها لتكن واضحة:

- أنتِ تحتاجين بيتًا آمنًا يحميكِ من الدنيا وعيون الناس.

انتبهت أمانة لكلماته، فهزّت رأسها، فأكمل:

- وأنا أحتاج لشخص أتحدث إليه دون أن يشعرني برأفته لحالي.

لم تفهم أمانة قصده, فأشارت بذلك، فتابع بهي:

- أنا لديّ بيت تحتاجينه، وأنتِ الشخص الذي أحتاجه.

نظرت له بحذر، وقد بدأت سوء الظنون ترتسم بعقلها، فقطع تفكيرها:

- نتزوج، وسنقيم سويًا في شقتي.

اتسعت عيناها من عرضه الغريب الذي سارع بإكماله:

- لن أطالبكِ بحياة زوجية، أريدكِ صديقتي وأنيستِي فقط.

تراخت ملامح وجهها المتشنجة، وأشارت له أن يكمل، فتابع بهي:

- سنكون رفيقين فقط، دون واجبات على أيّ منا، وعندما لا يريد أحدنا الاستمرار سننفصل بهدوء، سأجعل عقد إيجار الشقة باسمكِ، وسأفتح لكِ حسابًا بنكيًا بمبلغ يغنيك عن الحاجة، سيكون مهركِ ومؤخرك.

أشارت له أمانة:

- وبالطبع ستكون زيجة سرية.

لم يجِبها، ولكنه أشار لها:

- أنا مطرود من عائلتي الآن، ولو عدتُ لا أريد إثارة مشاكل معهم، كما أن تلك الزيجة صُوريّة يا أمانة، إنها فقط من أجل أن يكون كلانا سكنًا للآخر، وأقسم ألا أقترب منك، سأحافظ على سلامتك.

أشارت بيدها سائلة، راجية بعينيها إجابة تثلج قلبها:

- اسمي أمانة، فهل تستطيع تحمل الأمانة؟

نطق بلسانه المتلعثم، وبيده استخدم لغة الإشارة للتأكيد:

- أجل سأفعل، ستكونين أمانتي يا أمانة.

******

أمانة ألزم بَهيّ نفسه بحملها في عنقه، ولم يعلم أن تلك القصيرة ضئيلة الحجم صاحبة البشرة الحنطية ستملأ حياته التعيسة بهجة رغم صمتها.

طلب بهي يد أمانة من مديرة الدار، وبالطبع وافقت بسهولة؛ لما اكتسبه بهي في شهوره الأخيرة من ثقة القائمين هناك، وقد عجّل بهي الأمر، فعقد القِران بعد عصر ذلك اليوم بمكتب المديرة ووقع البواب والطباخ كشهود على العقد.

انهمرَت المباركات على العروسين، تقبّلها بهي ببساطة، بينما ازداد توتر أمانة؛ لا تعرف إن كانت ما فعلته صحيحًا أم خطأ، بهيّ من خاض في نسبهم وكسر قلب صديقتها يمكنه الحفاظ عليها؟!

قطع بهي حبل أفكارها عندما اقترب منها مبتسمًا، فأشار لها:

- مبارك يا عروس.

نظرت له أمانة بقلق، فبادر بالهمس كي لا تسمعه أي مشرفة، ودون إشارة حتى لا تترجمه زميلاتها، هي فقط من يمكنها قراءة شفاهه:

- أنا عند وعدي لك أمانة؛ لا داعي للتردد أو القلق، هيا بنا لنذهب.

كانت أمانة مضطربة عندما أشارت له:

- سأجهز حقيبتي، وأودع أخواتي.

ابتسم بهي وهو يهز رأسه إيجابًا، ثم نطق بتلعثم:

- أيمكنني أن أطلب منكِ شيئًا؟

أشارت إليه أن يطلب، فأشار لفستانها على استحياء:

- يمكن أن تلبسي فستانًا أطول؟

كان فستان أمانة قطنيًا، يرتفع حوالي ثلاثون سنتيمترًا عن الأرض تقريبًا.

شعرت أمانة بالحرج؛ فهي لا تمتلك سوى أربعة فساتين أخرى بنفس الطول، فأشارت إليه أنها لا تمتلك أطول مما ترتديه، ابتسم لها بهي، ثم أشار إليها توفيرًا لوقت محاولة نطقه:

- لا عليكِ، اتركي أغراضك الشخصية لزميلاتك، ولنذهب لشراء واحد الآن، وغدًا نهارًا بإذن الله تعالى سنذهب في جولة لشراء كل ما ترغبين به، ما رأيك؟

هزت أمانة رأسها بالموافقة، وقد انتشرت الابتسامة على وجهها أخيرًا بعدما استطاع بهي بلطفه امتصاص توترها.

ودَّعت أخواتها ومشرفيها، ثم غادرت بهدوء بصحبة زوجها.

أوقف بهي سيارته الصغيرة قديمة الماركة أمام أحد محلات الملابس النسائية، ودَعَا أمانة لترافقه للداخل، أمسك بيدها، فسحبتها فورًا بخوف، توقف بهي:

- آسف، لم أقصد مضايقتك.

ثم أشار إليها أن تسبقه بخطوة لتدلف المحل، فأطاعته هروبًا من حرجها، ثم دخل في إثرها وأشار لإحدى العاملات أن تصحبها، ظل بهي واقفًا في مدخل المحل منتظرًا زوجته، وقد ظن أنها مثل أخواته البنات ستمضي ساعات بالداخل وتشترى كل ما ترمقه عيناها، وهذا ما لم يرتِّبه، فمحفظته تحتوي على مبلغ بسيط.

نوى أن يحجز ما تختاره بمبلغ بسيطٍ حتى الغد، ولكنه تفاجأ بخروجها سريعًا مرتدية فستانًا أزرقًا بسيطًا يغطي كعبها.

ظنها تريد الاستعانة برأيه، فابتسم لها وهو يشير بيديه:

- جميل أمانة، اللون يلائمُك كثيرًا.

خجلت منه أمانة فنظرت أرضًا، بينما ضغطت بأسنانها على شفتها السفلية؛ لتخفي ابتسامتها.

ناداها بهي ولكنها لا تسمع، وخشي أن يجذبها من يدها فتغضب؛ لذا اقترب منها ثم فرقع أصابع يده أسفل وجهها محدثًا صوتًا لتنتبه، فنظرت له، لتجده يشير إليها:

— أحضري ما اخترتِه لنغادر.

فأشارت إليه:

— هذا فقط ما اخترتُه.

طلب بهي من البائعة المصاحبة لأمانة أن تساعدها في اختيار منامة ومستلزماتها، ورغم صعوبة نطقه إلا أن الفتاة الْتقطَت ما يقصده، فأخذت أمانة للداخل، وبعد دقائق خرجا ومع أمانة حقيبتان صغيرتان، فوجدته يحمل وشاحًا أبيض بنقوش زرقاء صغيرة، فقدمه إليها:

— سيكون حجابًا جميلًا عليك، أيضايقك أن ترتديه؟

فهمت أمانة أنه يريدها محجبة، لم تكن تحتاج للحجاب بالدار؛ فجميع من بالداخل فتيات ونساء ولا داعي للحجاب بينهم، لا تعرف لما شعرت بفرح من طلبه البسيط، ربما لأنها لأول مرة تجد نفسها محور اهتمام أحد، فاتجهت لأقرب مرآة لتنفذ طلبه برضا.

جمعت خصلاتها السوداء بضفيرة بسيطة، ورفعت شعر غرتها القصير لأعلى، ثم لفَّت الحجاب حول رأسها، ابتسمت لمظهرها الجديد في المرآة التي تظهرها كاملة، وانتبهت لانعكاس صورة بهي الغير بعيد يطالعها بابتسامة رقيقة.

دفع بهي ثمن أغراض زوجته، ثم حمل عنها الحقيبتين وغادرا غير منتبهين لصاحب المحل والعاملة اللذين تبادلا حديثًا خافتًا

عنهما انتهى بتمني حياة سعيدة لزوجين حُرِمَا من نعمة النطق لينعما بنعمة التوافق.

فتح بهي لها باب السيارة بعفوية دفعتها لمزيد من الخجل لم ينتبه هو إليه، ثم اتجه لمقعده، وقبل قيادته سألها موجهًا وجهه إليها لتقرأ شفاهه:

- لو هذا المحل أعجبكِ نحضر غدًا لشراء جميع أغراضك.

أشارت له أمانة بخجل:

- كما تريد.

قطَب بهي ما بين حاجبيه، ثم قال بحروف ثقيلة مشاكسًا قبل أن تصيبه نوبة ضحك شاركته فيها:

- أظنكِ غدًا ستتسببين في ألم قدمي.، يبدو أننا سنزور عدة محلات.

***

مرت عشرة أيام على حياة الزوجين الجديدين والتي كانت بسيطة للغاية، تقتصر على ذهاب بهي للعمل في المصنع صباحًا وعودته عصرًا، يرن جرس الباب قبل الدخول، فقد استبدله بآخر مضيء؛ لينبه أمانة لدخوله حرصًا على منحها حرية شخصية بمنزلها الجديد، وحتى تطمَئنّ لحفاظه على العهد بينهما.

تستقبله أمانة بابتسامة رقيقة، وتشير له أن يسرع بتغيير ثيابه؛ ليجد مأدبة طعام صغيرة تحمل ما لذ وطاب، وقد اكتشف أن أمانة ربة منزل مدبرة، تجيد أعمال البيت بمهارة، شعر معها براحة وهدوء افتقره بمنزل أبيه، الذي رغم صخبه يشتاق إليه.

تتلهّف أمانة لسماع ما مر بيومه، فتنهي أعمال المطبخ سريعًا بينما يشاهد بهي التلفاز بغرفة الجلوس؛ لتلحق به حاملة لكوبي شاي ثقيل بالنعناع، تمضي الساعات بينهما بين إشارات يدها المستمرة، وكلماته المبعثرة، لا ملل ولا قلق حتى موعد العشاء،

فإما يصلِّي بالجامع المجاور للمنزل أو بغرفته الصغيرة تاركًا لأمانة الغرفة الكبرى.

تلك الليلة صلّى بغرفته، ثم خرج ليجد أمانة تقطّع صينية كيك وتعطيه طبقًا صغيرًا، وضع بهيّ الطبق على المنضدة، وأشار لها على استحياء:

- أمانة، لم أركِ تصلين طيلة العشرة أيام الماضية.

بهتَت أمانة فنظرت أرضًا، بينما اقترب منها بهي لتنظر إليه، فأشار لها مرة أخرى:

- طال الأمر.

احمرّ وجهها فلم تدري ما تخبره، بينما أكمل هو بتلعثم بينما يديه تشير:

- لو مريضة ومعتادة على دواء ما اكتبيه بورقة أشتريه الآن، أو الأفضل نذهب لطبيب.

هنا كان يجب أن توقفه، فأشارت بيديها رفضًا، فظنها معترضة على الذهاب لطبيب، فنطق بحروف مكررة:

- طبيبة، لا تقلقي.

هزت أمانة رأسها رفضًا مرة أخرى، فأشار:

- لا داعي للخجل، لدي من الأخوات خمسة، وبالتأكيد أتفهم عذرك الشهري.

زاد الأمر إحراجًا، فأشارت بخجل:

- لا أواظب على الصلاة.

ظنّته سيوبخها، ويعطيها درسًا دينيًا يشعرها بالذنب والقصور، ولكن على عكس توقعها، أشار بيديه في سرعة:

- اليوم الأحد، إن واظبتِ على الصلاة حتى الجمعة القادمة سنتنزه على كورنيش النيل.

تهلّل وجه أمانة، فعرضه أثار حماستها فصار محفزًا، فهزت رأسها مرات عديدة بالموافقة، وهي تشير واعدة بتنفيذ الاتفاق.

زادته فرحتها ابتسامًا، فلم يكتفِ بذلك الوعد البسيط، فأشار واعدًا:

- وإن واظبتِ شهرًا، سأطلب أجازة من المصنع؛ لنصيّف في الإسكندرية.

شعرت أمانة بسعادة كبيرة جعلتها تقفز فرحًا مرات عديدة، دفعت بهي لمراقبتها والاستمتاع بمشاهدة فرحتها.

***

تعاقبَت الأيام والشهور عليهما، ولم تعد سالي تشغل بالَ بهي كثيرًا، خاصة مع ابتعاده عن الحارة، ما يضايقه هو اقتراب شهر رمضان الفضيل ومازال والده غاضبًا ورافضًا أي محاولة للصلح.

أشار بهي لأمانة بيديه:

- أصبحتُ مدمنًا لكوب الشاي هذا.

وضعَت كوبها على الصينية؛ لتشير له بمرح بينما وجهها يعلوه ابتسامة بريئة:

- الشاي فقط؟

أجابها بحروفه المبعثرة مبتسمًا:

- أصبحتُ مدمنكِ يا أمانة.

لا يعلم كيف نطقها، قالها بعفوية، ولكن خفق قلبه معها، تسربت تلك القزمة لقلبه سرًا، لا يعلم متى، ولا كيف؟

ولكنه أدرك بذلّة لسانه أنه نطق ما يخفيه قلبه، أمانة لم تعد جزءًا هامشيًا في حياته، أمانة أصبحت حياته.

ارتبكَت ملامحها من تصريحه، وفغرت فمها، ولكنها حزمَت أمرها سريعًا؛ فعادت لارتشاف شايها، وبهدوء يكسوه الخجل أشارت:

- أريد استئذانك في أمرٍ ما.

أومأ برأسه لتكمل، فأشارت مبتسمة:

- لم يبقِ سوى قليل على الشهر الفضيل، وقد علمتُ من السيدة زوجة مالك المنزل أنه سيقيم مائدة رحمن بالحارة، وقد طلبَت مساعدتي في الطبخ، أتأذن لي؟

ابتسم بهي، وأجابها متلعثمًا:

- حسنًا، ولكن الطبخ هنا بالمنزل، وأرسلي الوجبات مع بناتها الصغار.

زادت ابتسامة أمانة، لقد خشيَت رفضه، فتابع بهي:

- غدًا سأجهز لكِ مالًا وننزل بعد العشاء لنشتري ما تحتاجينه للمنزل وللمائدة.

أشارت أمانة:

- لا داعي، السيدة ستتكفل بما تحتاجه الوجبات.

رأى السعادة تقفز من عينيها أكثر عندما قال:

- لا أمانة، ستشاركين بمجهودك وبالمال أيضًا، ثواب إفطار صائم له أجر عظيم عند الله، وأتمنى أن ننال ذلك الأجر.

تذكّر بهي أمرًا دائمًا ينساه، فوضع شايه جانبًا، ثم نطق بحروف مكررة:

- أمانة، تعالي معي.

أخذ بيدها، فتركت كوبها وسارت معه.

اتجها لغرفته، فثقلت خطواتها، هي لا تدخل غرفته الصغيرة مطلقًا؛ فقد أخبرها في أول يوم لها أنه اختار تلك الغرفة لنفسه عندما استأجر الشقة؛ لأنها صغيرة لا تحتاج لتنظيف كثير لأنه لا يحب أن ينظفها غيره، صحيح أنهما تقاربا كثيرًا في تلك الشهور، ولكنها دومًا تخشى أن يكسر وعده.

لم ينتبه بهي لثقل خطواتها، ولكنه تركها على باب الغرفة ودخل سريعًا ليفتح دولابه، أخرج صندوقًا خشبيًا وضعه على الفراش ثم فتحه.

قطب ما بين حاجبيه عندما وجدها مازالت خارج الغرفة، فأشار لها وهو ينطق متلعثمًا:

- ادخلي أمانة، لمَ أنت متسمِّرة عندك؟!

دلفت أمانة، فأشار أن تجلس أمامه ففعلت، أخرج عدة أوراق من الصندوق، ثم قال ببطء وهو يناولها لها:

- هذه متعلقاتك، أنسى دومًا إعطائها لكِ، أعطتني إياها مديرة الدار، بها شهادة ميلادك، ودفتر توفير فتحته الدار باسمك عندما قُيدتِ بها.

أخذ نفسَه، ثم تابع بتلعثم:

- أضفتُ للصندوق نسختَي عقد زواجنا وعقد الشقة، وكذلك فتحتُ لكِ حسابًا بنكيًا كما اتفقنا.

خجلت أمانة؛ فنظرت لأسفل، فرفع ذقنها بأطراف أصابعه بعفوية أخجلتها:

- به مهرك ومؤخرك، هو حقكِ يا أمانة فلا داعي للحرج.

دفع بالصندوق إليها؛ فأعادته إليه، ثم أشارت مبتسمة:

- أبقِه معكَ، لا حاجة لي به ما دمتُ معكَ.

******

بمرور الوقت وحسن معاملة بهي لأمانة اطمأنت إليه، لم تعد تتذكر لقاءهما الأول، ولم يعد تاركًا أثرًا سلبيًا يجعلها تحكم عليه بقسوة.

عانَت أمانة كثيرًا في البداية في معاملته، والتدقيق على نطقه حتى اعتادته، ولكن تحسن الأمر مع الوقت، اكتشفَت أن لديه الكثير من الصفات الحسنة، فلم يثقل عليها مرة بطلب، ولم يبخل عليها بابتسامة، فدائمًا هاشًا باشًا، يعاونها بما يستطيع، فقد شكّلا ثنائي عمل متعاون، هو الطويل الذي يعلق الستائر في دقائق، وهي القصيرة التي لا تترك مكان لذرة غبار، رجل كما يجب أن يقال، ولكن تختبئ كل حسناته عندما ينتبه لتلعثمه.

لم يعتد بهي الغياب عن أمانة لوقت طويل، فعلها مرتين فقط منذ زواجهما؛ بسبب وردية عمل طارئة، وبسبب قلقها عليه وخوفها من البقاء وحيدة امتنع عن تكرار ذلك حتى لو كلفه الخصم من راتبه البسيط الذي يُسيّر حياتهما، وقد اقترحت عليه يومًا أن يعود لعمله الأصلي في صياغة المشغولات الذهبية خاصة أنه أحد الفنيين المهرة المعروفة أسمائهم بورَش الذهب، ولكنه رفض خوفًا من أن يعرف الصاغة بخلافه مع أبيه فيضربوه في السوق.

نظرت للساعة، ثم وضعت وشاح رأسها؛ لتطل من شرفتها على الشارع على أمل أن تلمح بهي قادمًا، أصبحَت قلقة عليه للغاية الآن؛ فهو لم يحضر للمنزل من أول أمس، تخشى أن مكروهًا قد أصابه، ضيق احتل صدرها كلما طلّت على الشارع بعيونها ولم تجده، فتعود لتجلس على مقعد مجاور، فتحدث نفسها بينما تقضم أظافرها حتى لا تبدأ البكاء:

- أين أنتَ بهي؟ لمَ لَم تعد؟ يا الله، لا تصبني بمكروه به.

انسالت دموعها دون إرادتها مرة أخرى، فاستسلمت لها مجددًا، مرت دقائق وحان آذان العصر، وإذ بباب المنزل يُفتح ويدخل بهي، فجرت سريعًا وألقت نفسها لأول مرة بحضنه، لم تستطع كَفْكَفَة دموعها، فقد عاندتها وانهمرت، والغريب بالأمر هو عدم اعتراضه، بل تفاجأت بتشديد قبضته عليها، وكأنه من كان يحتاج ذلك الحضن فاعتصم به.

لم تكن أمانة متعلمة بما يكفي لتعبر عن تلك اللحظة الفارقة بحياتها، لأول مرة تعرف معنى الاحتواء.

اصطحبها بهي ببطء لأريكة مقابلة للباب ومازال حاضنًا لها، بينما هي متشبثة بقميصه. تشعر به يكلمها، ولكنها لم تستطع رفع رأسها من على صدره لقراءة شفاهه، جلسا سويًا، فحاولت مسح دموعها التي لم تتوقف.

ربت بهي على كتفها بلمسة حانية، عيناها لم تجرؤ على رفعهما من الأرض، خجلة من فعلتها.

رفع ذقنها بهدوء ليجبرها على النظر إليه، وقراءة شفاهه:

- آسف، لقد ارتكبتُ خطأ بغيابي دون علمك، كنتُ مجبرًا يا أمانة، صدقيني، حضر أبي إلى المصنع، واصطحبني للمنزل.

هبطَت جملته الأخيرة سكّينًا على قلبها، أدركت أن لحظة الوداع هلَّت، لم تعرف أن سعادتها عمرها قصير إلى هذا الحد، تصالح مع عائلته، وبالتالي سيعود إليهم.

هي لا تكره الخير له، حقيقة الأمر أنها سعيدة من أجله، سعيدة أن عائلته لم تتخلَّ عنه أخيرًا، سعيدة بتلك الابتسامة المميزة التي تتَّقِد بعينيه وهو يخبرها كيف قابل والده، وكيف استقبلته عائلته بحفاوة عندما وصل لمنزله، سيعود إليهم؛ مما يعني أن لا مجال لبقائها بصحبته، لمعت عيناها، ولكنها استطاعت رسم ابتسامة على وجهها؛ حتى لا تعكر صفو فرحته.

تلعثم وهو يصف لها اللقاء:

- لم يُرِد أبي أن يهلّ علينا رمضان ونحن على خلاف، اجتمعَت جميع عائلتي حولي، ولم أستطع الانسحاب خُفية من وسطهم سوى الآن.

زادت من ابتسامتها وهي تشير إليه:

- عودة حميدة بهي، أدام الله جمعكم.

لأول مرة يجذب يدها؛ ليضمها بين راحتيه، فتعلقت عيناها بعينيه، ثم خفضتهما سريعًا لتقرأ شفتيه:

- أمانة، لا أعرف كيف أخبرك بما أريد، صراحة، تهرب مني الكلمات.

سقط قلبها وخشيَت ما سيقوله، ولكنها تماسكت؛ فسحبت كفها من بين كفيه وربتَت بها على كتفه، ثم أشارت له مبتسمة:

- أعرف ما تريد قوله بهي، لا داعي للارتباك والشرح.

توقف عن الحديث، واستخدم لغة الإشارة لمحادثتها:

- مضطر للمبيت في البيت الكبير من اليوم؛ حتى لا أثير الريبة، سأحضر يوميًا بعد العمل للاطمئنان عليكِ، وكلما سنحت الفرصة سأحضر.

كلماته هوَّنَت مصابها رغم أنها لم تنفيه، بل أجَّلته فقط، سينسحب من حياتها بالتدريج إذًا، تؤنب نفسها؛ لأنها ما كان يجب أن تنسى أنها ضيفة مؤقته بحياته.

انتبهت لإشارته:

- سأحاول التنصل منهم يومًا أو يومان كل أسبوع؛ لنفطر سويًا برمضان.

رسمت ابتسامة على وجهها كاتمةً دمعة كادت تسقط قهرًا، بينما أشار إليها بهي:

- هذه ثاني مرة أرى أرنبة أنفك محمرة، هل تذكرين متى كانت المرة الأولى؟

ابتسامة رقيقة عرفَت طريقها لثغرها، وهو ينطق متلعثمًا:

- أول يوم رأيتكِ فيه، كنتِ غاضبة مني، قذفتِني بخرامة الأوراق، كدتِ تقتلعي عيني، لولا ستر الله.

***

أيام قليلة فصلتهم عن شهر رمضان، اضطر بهي لقضاء كثيرًا من الوقت بصحبة عائلته، وقنعت أمانة بالقليل المختلس في نهاره، حاول بهي الاعتذار من صديق والده "والد سالي"، ولكنه رفض رغم طيبة قلبه، فبعد فسخ الخطبة عرف من ابنته كثيرًا من أفعاله المتسلطة معها، فزاد ذلك من سخطه والذي لم يهدئه سوى أنه زوّجَ ابنته لرجل يضعها تاجًا فوق رأسه، لجأ بهي لصديقه عادل للوساطة عند والد سالي، لا يرغب أن يهلّ رمضان إلا وقد قبِل الرجل سماحه.

انقطع التواصل بين بهي وعادل عندما طرده أبوه من البيت ولم يُجِب عادل على تليفوناته العديدة، فتفاجأ عندما زاره بمنزله بتدهور وضعه الصحي، حاول بهي الجلوس معه بعد ذلك مرارًا، ولكن كان عادل دائم التهرب منه.

الليلة ستُصلّى أول ركعات التراويح لهذا العام، صلّى بهي في المسجد الكبير بأول حارتهم، وأتبعها بالسنة، لفَتَ انتباهه غياب عادل عن الصلاة؛ فأسرع بالتوجه لشقته لاصطحابه ليصليا سويًا.

طرق باب شقته، ففتح له صديقه، لم يبدو عادل بخير، وجهه شاحب كما لو كان مريضًا، لا يقف باتزان، حاول بهي معرفة ما خطبه، ولكن عادل تهرب مرة أخرى وغادر المكان، استقل عادل سيارة أجرة، قَلِقَ بهي عليه فاضطر لقيادة سيارة أبيه ليتبعه؛ لأنه

باع سيارته عندما تزوج أمانة ليكمل على ثمنها ليشتري لها الشقة التي يقطنان بها.

لحق بهي بعادل فذهل عندما وجده يدخل أحد الملاهي الليلية الكبيرة، فحاول الدخول لإحضاره، ولكن منعه أمن الملهى؛ لأنه لا يرتدي ملابسًا تليق بالمكان، فاضطر بهي صاغرًا انتظاره في السيارة حتى يخرج من وكر الفساد، كان بهي ساخطًا من فعل عادل، هو يقدّر أنه يمر بأزمة نفسية بسبب فشل قصة حبه مع جارتهم سلمى، ولكن لا يعني ذلك أن يدمر نفسه ويدخل دار الموبقات هذا.

خبط يده بجبينه؛ فقد ضاعت عليه أول صلاة تراويح، شعر بغضب يقتحمه من عادل، ولكنه هدأ عندما طافت أمانة بمخيلته، ورغم أنه بمكان حقير لا يسمح بالابتسام إلا أنه ابتسم بعفوية وهو يتخيل ملامح تلك القزمة التي تزداد احمرار وجنتيها عند غضبها، فهو لم يرها منذ ظهر الأمس، فقد شغلته أمه بشراء الكثير من المستلزمات الرمضانية لأخواته، فكما هي العادة الإفطار أول يوم سويًا، فيجتمع بأخواته وأزواجهن وأبنائهن، وبعد التراويح تحمِّلهم أمه موسمهم، بينما يمنحهم والده المنحة المالية الكبرى التي يغدقها عليهم فيغادرون سعداء.

نظر لساعته؛ فقد مرَّت ساعات الآن وهو قابع بالسيارة دون حراك، يترصد باب الملهى الذي لا يخلو لحظة من دخول الحمقى أو خروج السكارى بصحبة فتيات، يغض بصره عنهن، تقتحم أمانة خياله من جديد، فلم يرها يومًا إلا محتشمة، حتى أنها تضع بالمنزل وشاحًا صغيرًا يجمع أغلب خصلاتها، تمنى لو ذهب؛ ليطمئن عليها الآن، فهو حقًا يشتاق إليها، يشتاق لابتسامتها.

قطع تفكيره سرينة النجدة، فخرج من سيارته لاستطلاع الأمر، ولم تمر لحظات حتى دلف رجال الشرطة للملهى، ازداد قلق بهي

على صديقه، ولم تمر دقائق حتى خرج رجال الشرطة مقتادين عدة شباب من بينهم عادل.

جرى بهي، وحاول الوصول لعادل فمنعه رجال الشرطة، ولكنه استطاع معرفة إلى أي قسم شرطة يتجهون.

أدار بهي محرك السيارة بغية الوصول للقسم قبل عادل، لا يدور في ذهنه سوى أمر واحد، عادل قد يضيع مستقبله في تلك الورطة.

تنفس بهي ببطء محاولًا تذكر أي محامي ليستعين به، ولكن طرأت بعقله فكرة يعلم أن عادل سيقتله بسببها، هو يعلم أن صديقه له أخ أكبر من الأم كان عادل على خلاف مع أخيه مصطفى منذ سنوات طويلة وصلت لقطيعة بينهما، ولكن مصطفى ذو علاقات قوية بالدولة، لذا ليس أمامه سوى الاستعانة به الآن.

وبالفعل استطاع بهي الوصول لمصطفى الذي أنهى الأمر خلال ساعات قليلة كما لو لم يحدث من الأساس، اصطحب مصطفى أخيه الأصغر للمشفى للاطمئنان على صحته، وقد صمَّم بهي على عدم تركه حتى يطمئن عليه.

بمجرد وصولهم للمشفى اتصل بهي بأبيه وأخبره ببقائه مع عادل بالمشفى، وربما لن يتمكن من الإفطار معهم، لم يتبقَّ سوى أمانة ليطمئنها، ولكن لا يمكنه ترك صديقه وحيدًا، أنَّب نفسه كثيرًا، كان يجب عليه انتهاز نصف ساعة من النهار ليذهب إليها، ولكن زحمة الطريق الْتَهَمَت يومه.

يعرف فيما تفكر هي الآن، ستظنه يستعد للرحيل، انقبض قلبه من ذلك الخاطر، فجلس على أحد مقاعد الاستراحة بالمشفى ليهدأ قليلًا وهو يحادث نفسه:

- لن أتركها بالتأكيد، لا يمكنني الاستغناء عنكِ أمانة، عدة شهور قضيتُها بصحبتك في سلام، رغم غضب أهلي مني، وإحساسي بالذنب ناحية سالي، عشتُ معكِ هادئ البال، لم يشغل بالي إن

تكلمتُ بثقلٍ أو أشرتُ بيدي ما ستقولين عني، لم تعيبي مرة أو تعدّلي ما أقول.

مسح على شعره المرتّب بيده مبتسمًا، وهو يتذكر ابتسامتها:

- ابتسامتكِ مسكنًا لقلقي، وغضبكِ يكسر مللي، طيبتكِ يا قزمة حطّمَت حرجي، أصبحتِ إدماني حقًا يا أمانة.

أعاد رأسه للوراء؛ ليريح مؤخرة عنقه على حافة المقعد المبطن، وهو ينظر لسقف الردهة مبتسمًا:

- يا الله، لمَ أتهرّب من مشاعري المنسلة لقلبي؟!

ازدادت ابتسامته اتساعًا وعيناه لمعانًا؛ فقد حانت لحظة الاعتراف، فلأول مرة بحياته يختبر ذلك الشعور الجميل:

- أحبكِ أمانة.

***

هَلَّ أول يوم بالشهر الفضيل، بدأت أمانة إعداد وجبات الإفطار للمائدة بهمة ونشاط داعية الله أن يمنحها وبهي أجرًا طيبًا عليه، تقطّع البصل حلقات بسرعة فتدمع عيناها، ثم تعالَت شهقاتها حتى جلست أرضًا مستندة على الحائط، لا تشعر بالفرحة كباقي المسلمين، فبهي لم يحضر منذ يومين، لم ينبهها حتى أنه لن يتمكن من الحضور، مسحت دموعها، واتجهت للمرحاض لتتوضأ فتركع للرحمن ركعتين يمسحان على قلبها، تعذره؛ فمنذ عاد لأهله وهو مشتّتٌ بين البيت الكبير وبيتهما.

أنهَت مهمتها، فأرسلت الوجبات مع بنات صاحب المنزل قبيل المغرب، وادّخرَت إحداها لنفسها، أذَّن المؤذن فدعت الله ألا يبعد بهي عنها ويحرمها من قربه، ثم كسرَت صيامها بقليل من الماء وصلَّت المغرب، حاولت بعدها تناول الطعام ولكن لم تستطع، تشعر بمرارة غيابه.

ألقَت نظرة حزينة على ساعة الحائط؛ لتجد أن موعد صلاة العشاء قد آن، فرشت سجادتها بالصالة وبدأت صلاتها، ثم تبعتها بركعات التراويح.

كان قلبها ممتلئًا بالحزن والألم، فقد أدركت الآن كم تعلَّق قلبها به؛ فتعترف لنفسها بحبها له، وتظن أنها لا تشغل قلبه، تظن أنها مجرد ملاذ يهرب إليه، وجودها مؤقت بحياته، وقد اقترب موعد رحيلها؛ فهذا هو الاتفاق بينهما، ولقد نفَّذ جانبه، بينما هي من سرحَت بخيالها وحلمت بما ليس من حقها، حلمت كأي فتاة طبيعية، حلمت ببيت وزوج وعائلة.

كلّما سجدت بكَت للرحمن أن يرفق بحالها، لسانها لا يتوقف عن الدعاء:

- يا الله، أرح قلبي، يا الله، أزِل ضيق صدري، يا الله، لا تخذلني، يا الله، كن معي.

أنهَت صلاة العشاء، وتبعتها بالتراويح، لم تعلم عدد الركعات التي أدتها، كل ما تشعر به أن كل سجدة تلَتهُم جزء من ألمها وتبدده براحة تسكن كيانها.

لمحته جالسًا على ركبتيه جوارها ينتظرها تنتهي، بالطبع لم ترى ضوء الباب؛ فالقبلة بالاتجاه المعاكس، أنهت صلاتها، ومازالت دموعها منسابة رغمًا عنها.

تفاجأت به يجذبها إليه، ثم قبَّل شفتيها، فكانت قبلتهما الأولى، أصابها الذهول، وقبل أن تخرج منه بادرها بقبلات قصيرة رقيقة، استسلمَت له، تجاوبت معه ببساطة؛ فعندما تنطق المشاعر يصمت العقل مجبرًا، امتزجت دموعها بابتسامتها وهي تسكن حضنه.

حملها لغرفته الصغيرة، فأجلسها على سريره، رأى بعينيه حبًا وهيامًا، لم يتكلم، بل أشار لها:

- لم أطِق صبرًا على بعدكِ يا أمانة، اشتقتُ لكِ.

لم تستطع التوقف عن البكاء، ولكنها ابتسمت مع كل إشارة من يده:

- أمانة، أنا أحبك.

خفق قلبها باعترافه بحبها، وطارت فرحًا عندما أشار:

- هل تقبلين الزواج بي؟

هزت رأسها موافقة، فأشار لها ثانية:

- هل تقبلين الزواج بي؟

مسحت دموعها، وهزت رأسها موافقة، ولكنه أراد التيقن من قرارها الذي لا رجعة فيه؛ فأشار للمرة الثالثة:

- هل تقبلين الزواج بي أمانة؟

سكن قلبها الآن مطمئنًا برفقة الله بحالها واستجابته لدعواتها، فابتسمت وأشارت له:

- موافقة بهيّ.

سحب حجابها؛ فهبط شعر غرتها القصير، نفخ فيه بهي مشاكسًا فتراقصت الخصلات فرحًا مع ابتسامتها، ثم سحب رباط شعرها فتناثرت خصلاتها، فجذبها لحضنه وهو يلعب بخصلاتها السوداء، تمنَّت لو كانت تستطيع النطق لمرة واحدة، لتهمس في أذنه:

- أنتَ الآن ملاذي وأماني، أنتَ حبي.

٧

يجلس بهي بورشة صياغة الذهب الخاصة بأبيه ينقُش أحد قطع مجموعته الجديدة، يفكر في اقتناص ساعتين هذا المساء؛ ليعود مرة أخرى لأمانة مستغلًا حيازته لسيارة أبيه، لم يشعر والده بالغرفة إلا عندما أمسك بإحدى رسوماته التي توضح تفاصيل موديل خاتم جديد، ليشيد بجمال القطعة:

- قطعة رائعة بهي إن نفَّذْتَ بدقة تلك الرسمة.

ترك بهي أدواته، ورفع نظارته التي تحتوي على عدسة مكبرة، ثم قال مبتسمًا وبتلعثم هيّن:

- ومنذ متى خرجَت من يدي قطعة معيبة أبي؟!

ابتسم الأب لابنه:

- أنت فنان بهي، ولكنكَ أصبحتَ مغرورًا.

رد بهي بثقة بحروف مكررة:

- يحق لي، مجموعة المجوهرات للستة أشهر الماضية بِيعَت كلها.

وازدادت ابتسامته اتساعًا:

- وطُلب تكرار أغلبها.

ثم وعد والده وهو يجمع رسوماته المبعثرة أمامه على الطاولة:

- أُجهِّز للمجموعة القادمة، وستكتسح السوق.

ربَت والده على كتفه بعد أن اقترب منه:

- أنا سعيد من أجلك.

قطب بهي جبينه في تساؤل، فقد كانت نظرة أبيه مختلفة:

- أجل بهي، سعيد من أجلك، لم أرك سعيدًا يومًا مثلما أنت الآن، منذ أن عدتَ وأنتَ مندمج معنا كثيرًا وكأن غيابك جعلك منطلقًا في الحياة، حتى نطقُكَ تحسن كثيرًا.

غمرت الابتسامة وجه بهي، يتمنى لو استطاع إخباره أن أمانة هي سر سعادته، ولكنه يعلم أن انكشاف سره يعني خسارة تلك السعادة؛ عائلته لن تتقبلها، خاصة أمه.

نطق بهي بحروف ثقيلة مبتسمًا:

- أصبح لي عديد من الأصدقاء أبي.

أمسك الأب عدة رسومات، ثم سأله بفضول:

- متى رسمتهم؟ لم أرك تجهز أيًا منهم هنا! وغير متواجد بالمنزل دائمًا.

فكر بهي بسرعة، وساعده بطء نطقه على توفير وقت:

- أرسمهم في القهوة حيث أقابل أصدقائي، تمضي بي الساعات لا أشعر بها وقلمي يرسم كل ما يتبادر في ذهني.

حجة منطقية أقنعَت والده، ولكنه يشك أن ابنه يتهرب من المنزل:

- أم لا تريد التواجد مع والدتك؟

قطب بهي جبينه؛ فقد فهم قصد والده، أمه تبحث دائمًا عن عروس من عائلة كبيرة غنية كعائلته، ودائمًا يرفض بسبب علة لسانه، وهذا ما يسعده الآن؛ فلا داع لخوض حرب مادام غير مضطر لها، فتلعثم بهي:

- أبي، لن أذهب معها لبيوت الناس، أنا مرتاح كما أنا.

ظهر الضيق على وجه أبيه:

- ولكني غير مرتاح بهي، أريد أن أرى ذريتك قبل أن أقابل وجه كريم.

ضغط بهي على حروفه:

- ليطيل الله عمرك أبي.

***

دخل بهي شقته الصغيرة بعد المغرب دون أن تنتبه أمانة لضوء الباب لأنها بغرفتها، كان مهمومًا بسبب المحادثة التي دارت بينه وبين أبيه، لا يمكنه الاستمرار بهذا الشكل، يجب أن يجد طريقة مناسبة لإخبار عائلته بزيجته السرية، والأهم قبول أمانة وسطهم.

تزوجها سرًا من ناحية، وتربَّت في دار رعاية ولا تعرف عائلتها من جهة أخرى، ستصدم أمه إن علمت أنه تزوج بكماء، ستقع معركة لا محالة، يحتاج للتفكير بهدوء في الأمر، ولن ينعم بذلك إلا وهو برفقة زوجته.

لمح على المنضدة المتوسطة للصالة أسورة صنعتها أمانة بناء على ما تعلمته في الدار، رديئة الجودة، ولكنها أعجبته فوضعها بجيب بنطاله، ثم دخل غرفتها؛ ليتفاجأ بها جالسة أمام المرآة تتزين بمساحيق التجميل البسيطة، أخفَت وجهها بيديها خجلًا عندما لمحت انعكاسه بالمرآة، اقترب منها فقبَّل خدها، فرفعت يديها لتنظر إليه مبتسمة، ثم تذكرت فعلتها فخفَضَت بصرها بحياء؛ فهذه المرة الأولى التي تفعلها، رفع ذقنها بأطراف أصابعه، ثم نطق بتلعثم مشاكسًا:

- هذا هو المشوار الذي قضيتِه أمس بصحبة زوجة صاحب البيت؟

هزت رأسها بخفة، وانتظرَت بلهفة أن يستحسن فعلتَها، ولكنه مثَّل الغضب بعينين ضاحكتين:

- ضاعت أموالك يا بهي، اقطعي فورًا علاقتك بتلك السيدة.

لم يستطع كتمان ضحكاته أكثر من ذلك؛ فسقط بنوبة ضحك، قابلها احمرار وجه أمانة غضبًا، فأبعدت يده عنها، ثم وقفت تشير بحركات سريعة:

- أتسخر مني بهي؟ هل أنا قبيحة؟

اقترب منها مخترقًا حصون غضبها، فمسح بإبهامه جزءً من أحمر شفتها السفلية:

- أنت جميلة أمانة، لا تحتاجين ألوانًا تخفيك.

أطفأ نار غضبها بصدق كلماته؛ فابتسمت وخفضَت عينيها أرضًا، فرفع ذقنها مرة أخرى؛ ليجبرها على النظر لعينيه الهائمتين بها، فتهرَّبَت منه بعد أن شعرت بارتفاع حرارتها:

- سأحضر الطعام حالًا.

أمسكها قبل أن تهرب، ونطق بجهد بسيط:

- هل ستضيعين الساعة في المطبخ؟! أنا أكلتُ بالبيت الكبير، تعالي معي.

سحبها من يدها واتجها للأريكة الكبيرة بالغرفة المجاورة، فأجلسها ثم توسد ساقيها وأغمض عينيه؛ ليسترخي بصحبتها.

***

ظلّ ساكنًا على ساقيها حتى ظنته استغرق في النوم، اقتربَت من وجهه أكثر لتطالع ملامحه مبتسمة.

تزوّجا منذ ما يقرب من عامين، لم ترى منه سوى الصحبة الصالحة والمعاملة الرقيقة، عرفت بظله شعور الأمان، ونعمت ببيت أصبح جنتها، تذوقت حنانه واحتوائه، وتعلمت على يده الحب.

تفاجأت بيده تداعب خصلاتها القصيرة التي انسدلت قرب وجهه، ثم فتح عينيه ليشير بيديه لها:

- أحببتُ خصلاتك القصيرة، قصيه دائمًا لهذا الحد.

لم تعترض على طلبه، ولكنها أشارت مبتسمة:

- لمَ تكثر من الإشارة بهي؟

تلعثم ناطقًا:

- وهل يفرق معكِ حبيبتي؟

ابتسمَت برقة وأشارت:

- لم أسمع صوتًا بحياتي لأتوقع كيف صوتك، ولكن أتخيله عذبًا، أحب قراءة شفاهك حبيبي، ألا ترى أنكَ أصبحتَ أخفّ نطقًا.

زادت ابتسامة بهي، فهذه الملحوظة انتبه لها الكثيرون من محيطيه، وقد رفع ذلك من معنوياته، فنطق بثقل أقل:

- فعلًا، معكِ حق أمانة.

صمتَ قليلًا مفكرًا فيما يشغل باله، بينما هي محتفظة بابتسامتها العذبة وهي تداعب خصلاته السوداء القصيرة، ثم نطق بعد أن تنهد:

- لمَ لا يقتصر العالم على كلينا أمانة؟ لمَ نضطر لمعاملة البشر؟!

قطبت أمانة ما بين حاجبيها، ثم أشارت بعد دقائق استغرقتها في التفكير بينما هو شارد في التفكير:

- هل تذكر السيدة فردوس بدار الرعاية؟

فتّش بهي قليلًا في ذاكرته حتى تذكرها، فقد كانت السيدة فردوس أيضًا بكماء، تعمل مشرفة بالدار وتسكن به؛ فهز رأسه وهو يقول:

- أجل أذكرها.

بهدوء أشارت ووجهه مسلط عليها:

– كان من الممكن ألا تعيش في الدار، وأن يكون لها بيتًا وأسرة، اعتزلت كل تلك الأمنيات، وحبست نفسها معنا.

أثارت أمانة فضوله، فاعتدل جالسًا جوارها ثم سألها:

– كيف ذلك؟

أشارت إليه:

– أحبَّت شابًا أبكمًا، وبادلها الحب، وعندما تقدم لأبيها رفضه.

تعجب بهي، فسأل:

– لمَ؟!

شبح ابتسامة حزينة ارتسم على وجهها:

– يريدها أن تتزوج رجلًا صحيحًا، وليس أبكمًا، كانت وحيدته، ويظن لو تزوجته ستنجب طفلًا مثلهما لا يسمع ولا ينطق.

هز بهي رأسه:

– أظن ليس بالضرورة أن يحدث ذلك، هذا أمر بيد الله فقط، ولا يمكننا الاعتراض على حكمته.

ثم سألها:

– وماذا فعل الشاب؟

أشارت أمانة:

– ليس المهم ما فعل، بل ما فعلت هي.

استنتج بهي:

– تخلَّت عنه؟

استاءت أمانة وهي تشير:

– بل تخلَّت عن الدنيا، عملت بالدار، وتركت كل ما هو مرتبط بماضيها، استسلمت بهي، لم تدافع عن حبها ولم تمنح حبيبها فرصة الدفاع هو أيضًا، هربَت بدلًا من أن تواجه.

تسمَّر بهي أمامها، فحبيبته تعرف فيما يفكر، فأشار لها:

- كنتِ تعرفين فيما أفكر، وتلهمينني بالحل.

شاكسها ضاحكًا:

- لم أعرف أنكِ فيلسوفة يا قِزمة.

غضبَت لنعتها بالقصر؛ فلكزته بقوة في صدره، فتأوه بشدة:

- آلمتِني أمانة، أنتِ عنيفة.

رفعت حاجبها عاليًا وأشارت، بينما يدلِّك بهي موضع ضربتها بلطف:

- أنتَ من جلبته لحالك يا نخلة.

ابتسم بهي، ثم نطق بهدوء:

- هذا ما كنتُ أنويه أمانة، سأبلغهم بزواجنا، ولكن عقب إنهائي لمجموعة مصوغات الصيف.

قطبَت أمانة ما بين حاجبيها ظنًا أنه مازال مترددًا، ولكنه برر بتلعثم:

- لا أتوقع قبولهم للأمر، خاصة أبي، قد يطردني مرة أخرى، وذلك قد يتسبب في إفلاسه.

لم تفهم أمانة الرابط بين طرده وإفلاس أبيه، فأشار بهي لها تيسيرًا لنفسه:

- اشترينا خامات بمبالغ كبيرة لمجموعة مجوهرات ومشغولات الذهب التي سنعرضها الصيف المقبل، لم تعد لدينا سيولة، يجب أن أُنهِي تشكيلها حتى يستطيع عرضها، وإن طردني لن يجد من ينفِّذ تصميماتي بمهارة، ونخسر رأس مالنا.

******

٨

صعد بهي من ورشته متأخرًا مثل كل أيام الأسبوع الماضي، حيث ينتظر صعود والده للشقة ومغادرة مساعديه؛ ليصنع إسورة ذهبية تماثل إسورة أمانة المعدنية.

جلس على فراشه يطالع محتوى العلبة المخملية الحمراء، أسورة بخاتمها، بالطبع منحها لمسته الخاصة، فقد أبدل الفص الأزرق المتوسط للأسورة بحجر كريم أحمر ناري يماثل وجهها عندما تغضب، ابتسم عندما تذكر كيف قلبَت الشقة رأسًا على عقب منذ عدة أيام بحثًا عنها، وكيف غضبت عندما أخبرها دون اكتراث أنها ربما ألقتها مع القمامة.

لا يعرف كيف ستكون ردة فعلها عندما يقدم لها هديته في عيد زواجهما الثاني، هل ستعود للغضب أم ستجدها تعويضًا عن شبكتها التي لم يقدمها لها إلى الآن، وضع العلبة بأحد أدراج مكتبه مطمئنًا؛ فغرفته محراب مقدس غير مسموح لأحد بدخولها حتى للتنظيف، استسلم للنوم سريعًا خشية تأخره عن عمله صباحًا بالمصنع.

في الصباح الباكر وعقب مغادرة بهي للمنزل، ونزول والده لفتح الورشة، دخلت والدته غرفته، تشعر أن ابنها يخفي عنها سرًا، وأن ذلك السر لن يظهر أثره إلا في غرفته؛ لذا شرعَت بكل همة البحث في كل شيء حتى أدق الأشياء وأصغرها دون اكتراث لخصوصية ابنها، هو وحيدها ولن تسمح بشيء يؤذيه حتى لو كانت نفسه، قرابة ساعة مرت دون وجود دليل على سره حتى فتحت درج مكتبه لتجد علبة الذهب الصغيرة، وجوارها أسورة أمانة القديمة، لم تتفاجَأ؛ فقلبها يشعر أن هناك من اختطفت ابنها منها.

لم تمهل نفسها التفكير أنّ من احتلت قلبه منحته السعادة ثمنًا، فكل ما فكرت به أن تكشف ما تورط فيه ابنها، معتقدة أنه في خطر يجب أن تنجده، وتلك القطع الذهبية دليلها على أن عدوّتها طامعة بابنها.

أعادت ترتيب الغرفة كما كانت بما فيها علبة الذهب، ثم أغلقت الغرفة بهدوء، واتجهت للهاتف الأرضي؛ لتتصل بالإسكندرية، إن كان هناك من سيتقصَّى عن سر ابنها فلن يكون سوى سعيد ابن شقيقتها الوحيدة وزوج ابنتها أميرة، سيجد ما يخفيه بهي، وسيبلغها به دون زيادة أو نقصان، كما أنه سيكون سترًا وغطاءً عليهما إن كان في الأمر مصيبة كما أخبرها قلبها.

***

يجلس سعيد بمنزله يتناول فطوره أمام التلفاز وحده بعيدًا عن أسرته، فهو لا يطيق المعارك الصباحية بين زوجته وأبنائه، فقد اعتاد الصغار التذمر على شرب اللبن الإجباري، وهذا يعني كثيرًا من صراخ أميرة.

رن جرس الهاتف جواره فتأفف:

- يا فتاح يا عليم، حتى الفطور لا أهنأ عليه.

ثم رفع السماعة؛ ليجيب:

- صباح الخير خالتي، كيف حالك؟
- لستُ بخير يا سعيد، اترك ما بيدك واحضر للقاهرة الآن.
- ما الأمر؟
- أريدك أن تعلم ما يخبئه بهي عني.
- بهي يخفي أمرًا عنكِ!
- كفّ عن المماطلة، احضر حالًا، وإياك أن يعلم أحد شيئًا، حتى أميرة.

- إذًا يبدو في الأمر مصيبة، سأحضر غدًا.
- اليوم يا سعيد.
- ولكن بذلك سأغلق المحل، إنه مصدر رزقي الوحيد.
- سأعوضكَ عن عطلتك، لا تتأخر.

وضع سعيد الهاتف جانبًا، ثم عاد لإكمال الطعام بعد أن زاد من شدة صوت التلفاز؛ ليغطي على صوت أطفاله رغم أنه لم يعد منتبهًا له، فما يشغله الآن هو محادثة خالته.

بهيّ المدلل عند والديه يخفي شيئًا، كم يتمنى لو أنها مصيبة تخلصه منه، حفر الكره بقلبه منذ سنوات عندما اشترطَت خالته في حملها الثالث على زوجها أن يفضّ الشراكة مع أبيه؛ لتكن أرباح المحل لها ولبناتها خالصة دون شريك، وقد وعدها زوجها إن أنجبت صبيًا سيفعل الأكثر من ذلك، سيكتب الورشة باسم المولود هبة له، وقد وقع الأمر بميلاد بهي.

برقت عينا والد سعيد للمال المعروض مقابل حصته بالمحل والورشة والتي يؤمن سعيد أنها ثمنٌ بخسٌ، فمضى والد سعيد دون عقل على عقود البيع، وعاد للإسكندرية موطنه؛ ليفتح بها محلًا بمفرده، ولكنه فقَدَ مهارة صديقه في النقش؛ فركدت بضاعته حتى خسر رأس ماله، وأصبح سعيد يعمل بالأجر لدى الغير حتى تزوج أميرة، فساعده والدها على فتح محل صغير؛ ليفتح من عائده بيتًا.

أمسك كوب شايه ثم ارتشف منه قليلًا، قبل أن يقف صارخًا على زوجته التي حضرت في الحال لتجده راسمًا وجه الخوف:
- ارتدي ملابسكِ أنتِ والأطفال حالًا، سنسافر للقاهرة على الفور.

ظهر القلق على وجه أميرة:
- ما الأمر، هل هناك مكروهٌ أصاب أحدًا؟

خفض سعيد رأسه ممثلًا:

- أمكِ سقطَت مريضة، وتريد رؤيتك أنتِ والأطفال.

صرخت أميرة جزعًا وهي تضرب بيدها على صدرها تسأله عن مصاب أمها، ولكنه ادّعى أنه لا يعرف؛ فتركته راكضة نحو غرفتها لتجهز أبناءهما، فبهذه الطريقة سيضمن عدم تأخيرها أمام المرآة، ومماطلة الأطفال.

***

ادّعى سعيد أنه قدم بعائلته لزيارة والدته وخالته، وإتمام بعض الأعمال العالقة والتي تستدعي بقائه خارج المنزل طوال الوقت، بالطبع لم يسلم من غضب زوجته بعدما أرعبها على أمها، ولكن لم يستمر غضبها كثيرًا؛ فهي تلين لزوجها سريعًا وترضى بمبرراته حتى لو كانت واهية.

لم تستغرق مهمته سوى عشرة أيام، راقب فيها بهيًّا منذ خروجه من بيت والده وحتى عودته ليلًا، علم بشأن زوجته البكماء، والتي أشيع بالحارة التي يقطنان بها أنها ابنة خالته وتزوجها بعد وفاة أمها حتى لا تبقى وحيدة، والأهم من ذلك تتبَّعَهم حتى وصل لدار الرعاية التي اعتاد بهيّ أخذ أمانة لزيارتها مرة شهريًا، وصدفة حل الموعد أثناء مراقبته، لم يهدر سعيد وقته، فقد انتقى من يمكن استجوابه بالدار؛ فعقد صداقة مزيفة مع طباخ الدار، عرف منه كل شيء عن أمانة.

كلما سألته خالته عما توصل إليه، أجابها أنه مازال يبحث وراءه، بينما حقيقة الأمر هو يبحث عن كيفية استغلال ذلك لصالحه.

دائمًا يرى ثراء تلك العائلة من حقه هو؛ لأنها بُنيَت على أكتاف أبيه، وقد خدعه زوج خالته ولم يعطه حقه، حتى زواجه من أميرة كان لتعويض بعضًا من خسارته، وعلى الرغم من حبها الأعمى له

ورضائه هو بها إلا أنه مازال يشعر أنه لابد من اقتناص ما هو له، هو أحق بكل شيء من بهي.

يلعن غباء أخته سميرة التي رفضَت بهي يومًا كزوج لها، كان يمكن لتلك الغبية أن تكون ملكة ببيت خالتهم وتساعده في التمتع بخير تلك العائلة، فلا تكفيه أميرة التي تراه ملاكًا يحيطها فتعطيه كل ما يمنحها والدها وأمها من خير.

رفضَته سميرة بسبب علة لسانه، والتي كانت ستمكنّها بسهولة من السيطرة عليه فيصبح كما تقول العجائز خاتمًا بإصبعها خاضعًا لرضائها، وها هي قد تزوجَت الوسيم ذا الصوت العذب بعد قصة حب هربَت سريعًا تحت وطأة الفقر، والآن مطلّقة مكسورة الخاطر بعد أن سقط حملها إثر شجار حاد بينهما.

يحدِّث نفسه وهو جالس على أحد المقاهي الشعبية ليلًا:

- يجب أن تدخل سميرة اللعبة قبل أن أكشف زواجه، ولكن كيف أفعلها وقد غضبَت خالتي من سميرة عندما رفضَت الزواج ببهي وتزوجت بغيره؟ بل كيف سأجعلها ترضى أن تزوجه مطلقة؟

يشرب شايًا صعيديًا وقد توصّل للشخص المناسب للمهمة:

- ليس أمامي سوى أميرة، هي الأقرب لأمها، هي من يمكنها التسلط على أذني أمها حتى تقتنع.

ثم نفث سيجارته بحنق:

- ولكن أميرة لا تطيق سميرة.

ارتشف بعضًا من كوبه:

- سترضى عندما أخبرها كيف أن سميرة نادمة على فعلتها.

***

شعرَت أمانة ببعض التوعك استمر عدة أيام، ولم تنفعها المسكنات بشيء، أخفت الأمر عن بهي؛ فهذه الأيام الأخيرة قبل

إصدار مجموعته الذهبية الأخيرة، أخذ أجازة من المصنع؛ ليتفرغ للورشة، ويحضر للمنزل ساعتين عصرًا فقط، وعندما صاحَبَ مرضها انخفاض ضغطها استعانت بزوجة صاحب المنزل، والتي رافقتها لعيادة طبيبة بالحارة المجاورة، وبعد الكشف عليها علمَت بحملها.

غمرت السعادة أمانة بوجود قطعة من بهي داخلها، ولكن شابَ تلك اللحظة خوفها من رد فعل بهي، وعدها أن يعلن زواجه بها لعائلته بعد انتهاء عمله بالورشة، ولكن قد يظن أنها تضعه أمام الأمر الواقع.

تسرَّب الخوف إليها أكثر قلقًا على أن تلد طفلًا مثلها، لقد عاش بهي عمره كله يعاني شعورًا بالنقص بسبب علته، فماذا سيفعل إن أنجبَت أبكمًا؟

كثيرٌ من الظنون أفسدَت فرحتها، وأسدلت حزنًا على قلبها، هدأَت عندما تذكرت محادثتهما عن السيدة فردوس وكيف كان رأيه، ولكن إن أعلن زواجهما لن تكون عائلته راضية بقضاء الله مثله؛ فكثيرًا ما حدَّثها عن عنصرية أمه وطبقية أخوته التي تجعلهن لا ينظرن لقلوب البشر، وإنما يعاملون الناس بقدر ثرائهم ومكانتهم الاجتماعية، هي لا شيء بالنسبة لتلك العائلة؛ فدفعها ذلك للتردد في إخباره والانتظار حتى تنتهي مشكلتهما الأولى أولًا، لم تتبقَّ سوى أيام وينفذ زوجها وعده.

***

نفّذَت أميرة بسذاجة مخطط زوجها، فأصبحت أمها تعد العدة لوضع بهي أمام الأمر الواقع؛ فاتفقت مع أختها على تزويج بهي وسميرة بعد انقضاء عدتها فورًا، وقد استطاعَت اقناع زوجها بذلك أيضًا حتى أنهما قد اختارا الشبكة التي سيقدمها بهي لها، ينتظران

فقط عودته هذه الليلة لإخباره بقرارهما، ولا مجال لمناقشة الأمر أو الاعتراض عليه.

فكر سعيد أن ذلك سيدفع بهي لإخبارهم بزواجه، وبذلك يخسر زيجته من أخته ويخسر بذلك ثروة بهي مستقبلًا؛ لذا قرر الطَّرْق على الحديد وهو ساخن؛ فاجتمع بخالته وأميرة وأخبرهم أن سبب موافقته على الزيجة أن ينقذ بهي من فتاة سيئة السمعة، وأقنعهما أن سميرة ستحفظه وتبعده عن الفتاة مجهولة النسب والتي طُردَت من الملجأ بسبب فعل مشين وصَمَ سمعتها؛ فضحكت على بهي بسبب طيبته فتزوجها للستر عليها، فهو الفتى الغني الذي يُغدِق على الملجأ تبرعاته وكرمه، ولن يرضيه أن تُلقَى في الشارع بلا مأوى.

دقَّت طبول الحرب بالمنزل، كانت الأم نارًا زادتها ابنتها اشتعالًا، صدم الأب عندما صعد من الورشة؛ ليتفاجأ بزوجته تولول وتلطم الوجنتين أن ابنها الخائب وقع في شراك امرأة لعوب، وما هي سوى دقائق حتى تسربت تلك النار بداخل الأب الذي صدَّق كل تلك الافتراءات دون دليل، فرفع سماعة الهاتف وطلب رقم الورشة، وأمر ابنه أن يصعد إليه بعد أن سبَّه بسبَّةٍ قاسية لجمت لسان بهي.

لم يمهلوا بهي فرصة ليستوضح الأمر، فقد كال له والده الصفعات المتتالية، بينما الأم تبكي بمرارة وهي تضرب صدرها بكفها بقوة.

مثَّل سعيد دور المنقذ فصار يبعد زوج خالته عن بهي، بينما أميرة تولول بوجهه بكلمات مبعثرة لم يستطع بهي تجميعها سويًا، فضلًا عن عدم تمكنه من النطق إثر صدمته من الموقف؛ فصار يجاهد للسؤال عن سبب ثورتهم، فهو لم يرتكب جريمة بزواجه.

دفاع بهي عن زواجه زادَ من نيران الغضب، فصار والده ينعتها بأحقر الأوصاف والتي لم يتحمّلها بهي؛ فجاهد للدفاع بوجه محتقن ودموع هزمته وسقطت بسبب لسانه العالق في وقت لا يتحمل التأخير في الرد:

- زوجتي أشرف امرأة على الأرض، إياكم والخوض في سيرتها، ما الضرر في أن أتزوج يتيمة؟!

وبالطبع قُطعَت كلماته بسباب والده وصراخ أمه وأخته، حتى هدم والده جسور التواصل؛ فأعلن غضبه عليه ليوم الدين، وأنه ميت بالنسبة إليهم.

دخل بهي غرفته، فظنَّته أمه يتفادى غضب أبيه، فحاولت تهدئة زوجها:

- اهدأ يا حاج، سيطلّق تلك العاهرة الليلة ويتزوج سميرة، ستحفظه ابنة أختي.

أيّدَها سعيد وأميرة، فهذا هو الحل السليم وليس طرده وحرمانه من كنفهم، بينما دخل بهي غرفته ففتح درج مكتبه؛ ليأخذ علبة الذهب والإسورة القديمة، فوضعهما بجيب بنطاله ثم ترك مفاتيح الشقة والورشة على مكتبه وغادر دون أن ينتبه إليه أحد.

******

٩

ساعة ونصف قضاها سائرًا على قدميه في الشوارع الجانبية متجهًا لبيته الصغير، يتمهل الخطى ليؤخر وصوله حتى تغفو أمانة، لن يتحمل كسر خاطرها إن نظرت في وجهه وقرأته، يضع يداه بجيبَي بنطاله ويقذف الطوب الصغير بحذائه في عشوائية.

يكاد يُجنّ مما حدث بالبيت الكبير، ألمٌ يعتصر قلبه؛ فلأول مرة يضربه أبوه، وأمام أخته وزوجها دون اكتراث لكرامته بينهما، تنهد بحسرة وهو يفكر أن الأشد قسوة من ذلك هو اتهامهم لزوجته بالعهر.

جلس على أحد أرصفة ذلك الشارع الصغير المظلم تقريبًا إلا من قبس ضوء صادر من أحد البنايات البعيدة مفكرًا:

- يا الله، عامان فقط بكنفها هما كل ما ملَكتُ من بهجة الدنيا، فاستكثروها عليّ! ألا يحق لي أن أعيش في سعادة مع من ارتاح لها قلبي، وسكن بحضنها قلقي؟! كيف لهم أن يقذفوها بذلك لمجرد زواجي من يتيمة سرًا؟! بل كيف عرفوا بزواجي من الأساس، وأنا شديد الحرص على إخفاء الأمر طيلة العامين الماضيين؟!

***

لم تتمكن أمانة من النوم ليلتها، تشعر بانقباضة بصدرها، لا تعلم السبب، ربما كان ذلك عرَضًا للحمل لا تعرفه، فهي لا أم لها ولا أخت لتسألها، وربما كانت بسبب شعورها بالذنب لعدم إبلاغ زوجها عن حملها، حدَّثَها قلبها أن ربما شعورها مرتبط بمكروه أصاب بهي؛ فتركت فراشها ووضعَت حجاب رأسها، ثم فتحت الشرفة قليلًا؛ لتراقب الشارع بقلق لعله يأتي الليلة على غير موعد.

***

تساؤلات عديدة تطنّ بضجيج في رأسه أصابه بصداع قاس، فدلَّك بكفَّيه جانبي رأسه غير منتبه لمن يراقباه منذ دقائق، شابان يبدوان عليهما أثر قسوة الأيام؛ فاختارا طريق الشقاء سبيلًا، فحفر على وجه الأخفّ وزنًا علامة شوهَت جانب وجهه، بينما البدين مغيب عن الواقع وختم ذراعه بعلامات إبر الموت، اتفقا سويًا على استغلال جنح الليل وخلوّ الشارع من المارة؛ ليتحصلّا على ما يمكنهما اقتناصه من ذلك الغافل الجالس على بعد أمتار منهما.

اقتربا منه وعلى حين غفلة لوى البدين ذراعه، بينما أشهَرَ الآخر سلاحًا أبيضًا بوجهه وهدده:

- من دون غلبة أعطِنا ما في حوزَتك، وإلا لا تلومنّ إلا نفسك على ما سأفعله بك.

لم يكن بهي ممن يغامرون بأنفسهم ويلقوها في التهلكة، فهزّ رأسه وهو ينطق متلعثمًا:

- حاضر، خذ كل ما تريد.

ظنَّا الشقيان أنه مرعوب فتلعثم، فتركاه يقف ويخرج من جيبه محفظته المنتفخة؛ فأخذها البدين بلهفة، بينما لمعت الساعة في عين حامل السكين:

- الساعة يا برنس.

خلعها بهيّ بتوتر، وهو يدعو الله أن ينتهي الأمر على خير، ولكن حامل السلاح زاد في طلباته الإلزامية:

- والسترة أيضًا.

راقب بهي عينَي الرجل التي تُوحي بالغدر، فتابع وهو ينطق بصعوبة:

- أمرك.

ضحك البدين:

- ليت الجميع مثلك؛ عقلهم برؤوسهم، ويعرفون مصلحتهم.
  ثم أمره باستخفاف لشأنه:

- اخلع حذائك.

هبط بهي صاغرًا يفكّ رباط حذائه، غير منتبه لسقوط إسورة أمانة، التي اقتنصها حامل السكين؛ فنهره بهي بحدة:

- اتركها.

لم يأبه بهي للسلاح لحظتها، وكأن نار الغيرة اشتعلت بقلبه، فلم يشغل باله سوى أن تلك اليد القذرة لا تلمس شيئًا يخص زوجته، كان ذلك الرجل قويًا فاستطاع ثَنْيَ ذراع بهي خلف ظهره، بينما أمر رفيقه أن يفتشه، فعل زميله ما أمر به، فهلّل:

- الله أكبر، معه قطعتين من الذهب.

استطاع بهي تخليص نفسه؛ فقد زاد غضبه من قوته، فهجم على حامل الذهب فاقتنص منه القطعتين، ولكن كُسِرَت الإسورة فألقى الرجل أرضًا، بينما البدين جذب بهيَّ من قميصه من الخلف فانقطع.

سقط بهي فوق صاحب السكين والتي سقطت بعيدًا عنه، فسدد له لكمات حملت ما كظمه من غيظ منذ قابلهما، ركلَ البدين جنب بهيّ بقدمه، فسقط بعيدًا عن الرجل صارخًا، انزلق الخاتم من يده لحظتها فصار يتحسس الأرض ليجده، فعالجه اللص بركلات أخرى، حتى قدم رفيقه.

وجد بهي الخاتم، فقبض عليه مع قطعتي الإسورة، ثم أمسك قدم أحدهما فاختل توازنه وسقط، جذب الرجل الآخر بهي من قميصه حتى وقف فلكمه، ولكن بهي ضربه بركبته أسفل حزامه، هبط الرجل على ركبتيه متألمًا، يكاد لا يلتقط أنفاسه.

أتى البدين حاملًا قطعة خشب سميكة ضرب بهيًّا بها على مؤخرة عنقه، فسقط هو الآخر على ركبته.

تشوَشَّت الرؤية أمامه فلم يرى الرجل الذي أسقطه منذ قليل يحمل سكينه ويطعنه في جنبه طعنتين، بينما البدين استمر في ضربه على رأسه بقطعة الخشب حتى فَقَدَ بهيٌّ الوعي، ظناه مات؛ فأخذا الذهب المتشبث بهي به وفرَّا بعيدًا.

***

شعرَت أمانة بالتعب من طول الوقت الذي أمضته أمام الشرفة؛ فجلسَت على أحد مقاعد السفرة القريبة من باب الشقة في انتظار بهي.

مر وقت غير قليل حتى وجدت الضوء بديل جرس الباب يضيء ودفع لباب الشقة ينبأ بطرقات شديدة، فاتّجهَت إليه سريعًا وهي تعدل حجاب رأسها، فتحَت الباب لتتفاجأ بصاحبة المنزل تتلاحق أنفاسها جزعًا وهي تصرخ، بصعوبة الْتقطَت أمانة بعض ما تقول وفهمَت أن بهي مصاب ونُقِلَ للمشفى.

لم تتمهَّل أمانة لاستيضاح ما حدث، فتركتها وركضت فزعة بملابس المنزل البسيطة، أغلقت السيدة باب الشقة وهبطت وراءها؛ لتلحقها بمشفى الطوارئ القريب من المنزل.

وصلَت للمشفى، ومُنِعت من رؤية زوجها؛ لأنه بغرفة العمليات يخضع للجراحة، كانت الشرطة هناك؛ فقد شهد أحد الجيران الواقعة واتصل بالنجدة التي حضرت بعد هروب الجناة، ونُقِلَ بهي للطوارئ.

بقي بهي لساعات قليلة في العمليات، بينما أمانة تجلس جوار الباب باكية منهارة، وظل معها بعض أهل الحارة فيما استأذنَت صاحبة المنزل للعودة لأبنائها الصغار، وظل زوجها برفقة أمانة.

خرج بهي ونُقِل للعناية المركزة، بينما طمأنها الطبيب على نجاح الجراحة فلم تصل الطعنات لأماكن دقيقة، وقد أكد الطبيب للشرطة صعوبة استجواب المريض الآن، وعليهم التمهل حتى يخرج من العناية بعد يومين.

- يجب أن تعرف عائلته.

هكذا حدّثَت أمانة نفسها من أمام غرفة العناية بعد أن هدأت واستجمعت شتات أمرها.

- بهي بحاجة إليهم الآن، أنا عاجزة بدونه، وبالتأكيد هم قلقون من غيابه، ولكن كيف سأبلغهم؟ أنا حتى لا أعرف أي شيء عنهم.

طرأ بذهنها اسم واحد، هو حلقة الصلة بينها وبين عائلة زوجها؛ سالي خطيبته السابقة هي من تعرفهم، ولكنها قد لا تساعدها لحساسية الموقف.

عقدت العزم؛ فاتجهت لإحدى الممرضات واستعانت بورقة وقلم خطَّت بها رقم هاتف بيت والد سالي، وكتبَت للممرضة بخط سيء وإملاء خاطئ أن تطلب من سالي الحضور؛ لأن أمانة بالمشفى.

كانت تعلم أن سالي ستأتيها سريعًا، فقد كانتا قبل عامين صديقتين، ولا يمكن أن تتخلى عنها.

وهذا ما حدث بالفعل، فقد جاءت سالي مهرولة، وقد فاجأها أن أمانة ليست المصابة، وإنما بهي، اتصلت بخالد زوجها أولًا، أخبرته في عجالة بالأمر؛ ليحضر، ثُمّ اتصلت بوالدها تخبره؛ ليبلغ عائلة بهي.

كانت أمانة متعبة، ومحرجة من سالي، فأشارت لها بخجل:

- أعرف ما تفكرين به، تزوجتُ خطيبَك.

أوقفتها سالي عن الحديث بإشارتها:

- السابق أمانة، بهيّ انتهى من حياتي منذ تركني، لقد عوضني الله برجل صالح، لقد كُتِب كتابنا منذ مدة، وقريبًا الفرح.

انتهى حبّ سالي لبهي عندما منحها الله فرصة أخرى مع رجل يناسبها، ويقدر أفعالها ومشاعرها.

حاولَت أمانة الابتسام، وهي تشير:

- مبارك.

شعرت سالي بالفضول من زيجة بهي وأمانة؛ فأشارت إليها بشفقة:

- لِمَ تزوجته أمانة؟! أنتِ تسعين لتعاستك، بهي ليس الرجل الذي يحرص على نجاح علاقاته، سيتخلى عنكِ بلحظة.

دافعت أمانة عن زوجها:

- لقد رأيتِ منه جانبًا مظلمًا، أما أنا فرأيت جانبه المشرق.

لم تصدقها سالي، فأشارت:

- ربّما، أتمنى ألا يتركك، خصوصًا عندما تعلم عائلته بوجودك، هم ليسوا ودودين أمانة.

أشارت أمانة بقلّة حيلة:

- أعلم، ولكن ما بيدي حيلة.

* * *

حضر أهلُ بهيّ، فتحولت ساحة المشفى لمعركة، كانوا يتهمون أمانة بأنها السبب فيما حدث لبهي، وبوجود سالي ربطوا أنها مؤامرة منها، وأنها من وضعَت أمانة في طريقه.

لم يهدأ الوضع قليلًا سوى بدخول والد بهي مع والد سالي اللذين حضرا متأخرين عن البقية.

وقفت سالي مع أمانة في أحد الأركان، فأشارت لها:

- أمانة، الأفضل لكِ مغادرة المكان الآن، عيون أمه وأخته لا تنبِّؤ بخير، سيزدادون شراسة بحضور بقية أخواته.

فأجابت أمانة مشيرة بحيرة:

- لا يمكنني تركه، لا أستطيع سالي، قلبي يؤلمني، لا يمكنني تركه.

لمحت سالي زوجها قادمًا فنادته، واستأذنت أمانة لتحادثه جانبًا.

كانت تنظر سالي أرضًا خائفة من ردة فعل خالد زوجها، ولكنه بادرها:

- لو لم تخبريني لكان لي شأن آخر معك.

بررت سالي تصرفها بمنطقية:

- كنت أظنها المصابة، أمانة بكماء ويتيمة، لا تعرف غيري، لو كنت أعلم أنه بهي لتركتُ الأمر من البداية لأبي، ولم أتدخل.

هز خالد رأسه بتفهم:

- لنتناول الغداء اليوم، ونتحدث.

وافقته سالي، والْتفتَت لتعرّفه على أمانة، ولكنها وجدت أميرة مندفعة ناحية أمانة بغِلّ مستغلة ذهاب أبيها وصديقه للخزينة.

جذَبَت أمانَةَ -التي تبكي فلم تنتبه لما يدور حولها- من حجاب رأسها؛ لتسقطها أرضًا، فمنعتها سالي وأخذت أمانة بحضنها.

قامت أم بهي لتساعد ابنتها ضد أمانة وسالي، ولكن وقف خالد بين الطرفين محذرًا:

- أقسم بالله إن خطَت إحداكما خطوة واحدة لأبيّتكما أنتما وعائلتكما بالقسم الليلة، ولن تخرجوا منه قريبًا.

ثم أخذ زوجته وصديقتها وغادروا المشفى.

فتح باب سيارته الخلفية؛ لتدلف أمانة وكادت تتبعها سالي لتجاورها، ولكن منعها خالد لتجلس جواره، وبمجرد جلوسها فتح

تابلوه السيارة وأشار لزوجته أن تأخذ ما به دون أن تنتبه صديقتها، وبالفعل سحبت سالي نقودًا وضعتها بحقيبتها، وقد فهمَت أن عليها منحها لصديقتها لتسير أمورها، فيما سحب نوتة صغيرة من جيبه، أخذ ما بها من أوراق مخطوطة وأعطى لأمانة النوتة مع قلمه حتى تستطيع التواصل مع من حولها بسهولة.

***

خرج بهي من العناية المركزة لغرفة عادية، حاولَت أمانة الوصول إليه، ولكِن منعها أهله وطردوها، لتقف خلف الباب متلهفة للاطمئنان عليه.

دخل الطبيب خلفه الممرضة التي أشفقت على أمانة؛ فوعدتها أن تطمئنها وتدخلها إليه بعد انصرافهم.

استفاق بهي بعد أن غيَّر الطبيب على الجرح متألمًا، وناطقًا بتلعثم:

- أين أنا؟

فأتاه صوت الطبيب:

- حمدًا لله على سلامتك.

سعلَ بهي وهو يحاول النهوض، فمنعته الممرضة:

- من فضلك استلقِي حتى لا يُفتَح الجرح.

بينما اقتربَت منه أمه تقبّله بلهفة:

- حبيبي، طمئِن أمك عليك.

ربت بهي على كفها:

- بخير أمي، ولكن من فضلك أشعلي الضوء، لا أحب الظلام.

تعجبت أميرة:

- ضوء! الثلاث لمبات مضاءة أخي.

انتبه الطبيب؛ فأشار للممرضة أن تخرجهم من الغرفة، بينما وجّه حديثه لبهي:

- سأفحصك الآن.

صرخ بهي بحروف لا تطاوعه:

- كيف ستفحصني في الظلام دكتور؟!

ارتسمت الصدمة على وجه بهي بعد أن فهم الأمر:

- أنا أعمى؟!

صرخت الأم وابنتها، بينما سقط الأب الصامت جالسًا على المقعد بلا حول ولا قوة.

تحدّث الطبيب بهدوء فهو معتاد على مثل تلك الأمور:

- لا داعي للقلق، سنجري لك الفحوصات اللازمة، بسيطة إن شاء الله.

أخرجَت الممرضة أمه وأخته اللتين ما إن وجدا أمانة حتى انهالوا عليها ضربًا، أسرعت الممرضات بالطرقة؛ لتخلصها من قبضتهما، فتركض أمانة لزوجها وتلقي بنفسها بأحضانه.

- أمانة؟

نطقها بهي وهو يشدّد قبضته عليها متألمًا، بينما أمانة دافنة وجهها بصدره، ثم رفعت وجهها الصارخ بدموعها، تشير إليه ولا تعلم بمصابه:

- انخلع قلبي عليكَ بهي، أخبرني أنك بخير.

بعشوائية لامس يديها يوقفها عن إشاراتها باكيًا:

- كفِّي أمانة.

جذبَت رأسه لصدرها، وظلت تبكي فوق رأسه، غير آبهة بالعجوز الجالس ناظرًا أرضًا بقهر وكأن الدنيا هُدِمَت أمامه، يتحدث بهي وهي لا ترى شفتيه:

- أنا أعمى، زاد عجزي، أصبحتُ كالعدم أمانة.

جلسَت أمانة على الفراش أمامه وقريبة منه تمسح دموعها مبتسمة لنجاته، تشير إليه:

- استجاب الله لدعائي ونجدك، نجدَك لي ولطفلنا، أنا حامل بهي.

لا يراها، يشعر فقط بلمساتها.

ترفع كفه لتلثمها برقتها، ثم تضع راحة يده على وجنتها وتقبلها، سقطت دموع بهي، فعليه الآن أن يكسر سعادته بيده، لن يؤذيها بتقييد حريتها وإبقائها مسجونة تخدم عاجزًا.

- كفَى أمانة.

صُدِمَت من سحبه ليده بعنف من قبضتها، فأشارت:

- ما بكَ بهي؟

وقبل أن تكمل أمسك يديها بقوة وهو يهزها بعنف، ناطقًا بتلعثم شديد:

- توقفي أمانة عن الإشارة؛ لا أراك، أنا أعمى.

جمدَت أمانة في مكانها، بينما ترك والده الغرفة بتثاقل وهو يتحامل على نفسه حتى لا يسقط أرضًا.

بكى بهي منهارًا، فجذبته من جديد لصدرها، ظلَّت تربُت على ظهره وتهدهده، بينما أمسك بهي بمكان الجرح وهو يشعر باندفاع الدم منه.

ابتعد عنها، وأرجع ظهره للوراء؛ ليستريح على السرير، وهو ينطق بصعوبة بالغة:

- عودي لبيتِكِ أمانة، قصتنا قصيرة من البداية، حانَت نهايتها الآن.

لم تنتبه أمانة لجرحه؛ فقد جذب الغطاء فوقه، وضغط بيده ليوقف نزيفه، ظلَّت تهز رأسها رافضة كل ما ينطق به، تبكي وهي تجذب يده الحرة وتهزها نفيًا؛ ليفهم رفضها.

لم يهتم بدموعها ولا لدموعه المسالة عجزًا وقهرًا:

- اذهبي أمانة ولا تعودي، أمانة، أنتِ طالق.

هزَّت رأسها بجزع نفيًا، لا تقبل حكمه القاسي عليهما، ستبقى حتى دون رضائه، لن تسمح له بالفرقة.

أمسكَت يده مرة أخرى تهزها نفيًا، ثم حاولت أن تضع كفه على بطنها؛ ليفهم أنها حامل، ولكنه لم يمهلها الفرصة.

صرخ بوجهها، وهو يدفعها حتى أسقطها أرضًا:

- اتركيني؛ فالبكماء لا تليق بالأعمى.

صوت صراخه دفع أميرة للدخول، فجذبت أمانة من الأرض لتطردها، كانت أمانة تقاومها، بينما بهي يتألم صارخًا:

- لا تعودي لقد طلقتك.

يصرخ بها أن ترحل بينما قلبه يستغيثها سرًا:

- لا تتركيني.

قسوة أميرة لم تمنح فرصة لأمانة بالتشبث بزوجها، ظلت تقاومها حتى كادت تخرجها من الغرفة، ولكن استطاعت أمانة الإفلات والعودة إليه؛ لتجده يتلوى في فراشه، فأمسكت بيده بقوة ليصرخ بها ثانية وحروفه أشد تبعثرًا:

- اتركيني أمانة، فالبكماء لا تليق بالأعمى.

كلماته كسوط يجلد قلبها، فلم تجد أمامها سوى أن تكتب له بيد مرتعشة كثيرة الخطأ:

– معكَ حق، فالبكماء لا تليق بأعمى القلب، أنا حامل، لا تتركني.

نزعَت الورقة من النوتة، ووضعتها بيده الحرة، بينما أميرة تدفعها دفعًا حتى ألقتها في الخارج وأغلقت الباب خلفها لتذهب لأخيها سريعًا؛ لتعينه على الاستلقاء، رفعَت غطاءه؛ فتفاجأت بيده مخضبة بدمائه، بينما بدأ بهي يفقد وعيه، قابضًا على ورقة أمانة باليد الأخرى.

******

١٠

أسرعَت أميرة باستدعاء الطبيب، بينما رحلت أمانة بعيدًا لا تعي ما يحدث وراءها.

تم وقف النزيف، وتُرِكَ بهي لينال قسطًا من الراحة، جلست أميرة على كرسي الاستراحة أخيرًا، بعد أن أقنعت والدتها بمغادرة المكان مع والدها، فاصطحبهم سعيد للمنزل.

تذكرت الورقة التي أعطتها لها الممرضة والتي كانت بقبضة بهي حين فَقَد الوعي، فأخرجتها من جيب سترتها لتفضّها، شهقت؛ فوضعت يدها تكمم فمها عندما قرأت محتواها.

عاد سعيد بعد ما يقرب من ساعة حاملًا حقيبة طعام صغيرة، فارتمى بتهَالُك على المقعد المجاور لزوجته، لم يفكر في أي شيء منذ مصاب بهي إلا في قدر استفادته من الحادث، فها هي الدنيا تضحك له أخيرًا، وغريمه سيسدل الستار على هيمنته، أصبح بهي أعمًى بلا حول ولا قوة، طلَّقَ زوجته، وقريبًا سيزوجه من أخته؛ ليسترد أخيرًا حقه ويتسيّد تلك العائلة.

كانت أميرة شاردة، يشغل بالها محتوى ورقة أمانة، فزوجة أخيها حامل، يجب أن تبلغ بهي عند استيقاظه، ذلك الطفل منهم لن يتركوه.

لم تنتبه ليد زوجها الممدودة إليها بالطعام، فسألها:

- ما الأمر أميرة؟ لا تقلقي على أخيك؛ النزيف بسيط، وعندما يسترد عافيته سيجري فحوصات بسيطة ليخضع لعملية عينه، لا تقلقي حبيبتي.

أجابته بوجه مخطوف:

- ليس هذا ما يشغلني، لقد طمأنني الطبيب على استقرار حالته.

سألها وهو يمضغ طعامه:

- إذًا لماذا وجهكِ يعلوه الصدمة؟!

وجهَت نظرها إليه:

- زوجة أخي حامل.

سقط الطعام من يد سعيد؛ فأسرع بجمعه بمنديل، وهو يفكر سريعًا في حل لتلك الورطة، بينما أكملت أميرة:

- بمجرد أن يستيقظ سأبلغه؛ ليردها لعصمته.

وقبل أن تكمل حديثها، أوقفها سائلًا:

- بهيّ لا يعلم؟

أخبرته بما حدث، وأعطته ورقة أمانة.

الحل كان سريعًا أمامه، وأدُ الخبر في الحال، نظر لزوجته الساذجة نظرة الناصح الأمين:

- ومَن أخبركِ أنها صادقة؟

نظرت له بتساؤل:

- أتظنها كاذبة؟

أجابها بفحيح أفعى:

- أجل.

لم تقتنع أميرة، فردت بحزم:

- هذا شيء لا يمكن إخفاؤه سعيد، لو حامل فالطفل منا، يجب أن يبقى بيننا ينعم بخير أبيه وجده.

لم يجد أمامه سوى أنجح طريقة لإثنائها عن عزمها:

- قد تكون حاملًا فعلًا، ولكن الله أعلم ممَن؟

لطمت أميرة على صدرها:

- ماذا؟!

سعيد بخبث:

- ألم أخبركِ أن أخاك المصون تزوجها؛ ليستر عليها؟ طُردت من الملجأ؛ لأنها أقامت علاقة غير شرعية مع أحد العاملين هناك، طُردَت بفضيحة، الجنين ليس منه، بل من عشيقها.

ثم قطع ورقة أمانة وهو يكتم ابتسامته، بينما أميرة تبكي وتنوح بصوت هامس على حظ أخيها العاثر الذي قيده بعاهرة تريد أن تنسب له طفلًا غير شرعي.

استغل وضعها البائس لينشر سمه بعقلها:

- أرى أننا يجب أن نترك الإسكندرية، أخواتك ربما وصلن الآن للبيت الكبير بصحبة أزواجهن وأبنائهن، ولكن إلى متى سيبقين؟ هنّ مرتبِطْن بأعمال أزواجهن ومدارس أبنائهن، فقريبًا سيخلو البيت، أمكِ لن تستطيع خدمة أخيكِ وحدها، لقد كبرت في السن، أطفالنا ما زالوا صغارًا لم يصلوا لسن المدرسة بعد، وأنا أستطيع مساعدة زوج خالتي في الورشة والمحل.

كان منطقيًا في كل كلامه، فلم يدع لزوجته فرصة للتفكير، فأكمل بخبث:

- نعيش مع أمي بالمنزل، وقريبًا سيتزوج بهي من سميرة، ويفرغ البيت علينا.

وكأنها أصبحَت مسيّرَة على هواه:

- لا، سنعيش في الشقة العلوية، أبي بنى شقة في الدور الرابع لي ولأخواتي البنات، سنبقى بها؛ لنكن أقرب إليهم.

***

تجلس أمانة على الأريكة بأريحية بمكتب مديرة دار رعاية الصم والبكم، ملامحها توحي بسلام داخلي، نادرًا ما نلمحه حولنا،

لا يدل إلا على أنها قطعت شوطًا كبيرًا للخروج من أزمتها والوقوف على قدميها، تدلّك بطنها المنتفخة بلطف، بينما تتابعها السيدة كوثر بابتسامة ودودة، وهي تتحدث بهدوء:

- كبرْتِ أمانة، أيام وستصيرين أمًا.

ابتسمَت أمانة، وهي تشير:

- تغمرني مشاعر مختلفة؛ خوف من المستقبل... شوق لرؤية ابني أو ابنتي القادمة.

ثم أشارت وعلى وجهها ابتسامة حائرة:

- هل أنا مجنونة؟

ابتسمَت السيدة كوثر بمودة زائدة، وهي تقول ببطء:

- أهلًا بكِ في دنيا الأمومة أمانة، إنها كل شيء وعكسه.

تبادلا الضحك قليلًا، ثم سألتها عاتبة بإشارات يدها:

- لِمَ لَم تخبريني يا أمانة عن اتفاقكِ مع بهي قبل الزواج؟

ارتشفت أمانة بعضًا من كوب عصيرها، ثم أشارت:

- كنتِ سترفضين.

أشارت المديرة بسرعة:

- بالطبع أمانة؛ أنت صغيرة، بريئة، لا تفهمين الحياة، تلك الزيجة لم يكن لها مستقبل.

ثم سألتها بصوت منخفض:

- لمَ وافقتِ ابنتي؟!

أشارت أمانة، وهي تستعيد تلك الذكرى:

- رأيتُ بعينيه صدقًا أنه سيحافظ عليّ، كلانا احتاج للآخر سيدتي، مدّ يده ليعاونني، ولكن أظنه مدها لأعاونه، جاءني وحيدًا، مكسورًا، مجروحًا، يبحث عن ملاذ آمن يسكن إليه.

أشارت لها السيدة:

– كيف كانت حياتكما أمانة؟

عادت الابتسامة لوجه أمانة؛ فأشارت:

– كنتُ أنا السكن والوَنَس، وكان هو العائلة والأمل.

أطرقَت السيدة رأسها حزنًا على حال أمانة، فهي تعتبر بنات الدار عائلتها، ثم رفعت رأسها بعد قليل؛ لتطلب منها أن تطلعها على ما حدث في الشهور التي لم تحضر فيها إلى الدار:

– وماذا حدث بعد ذلك؟

أشارت أمانة بعد أن تنهدت:

– كنت أذهب للمشفى يوميًا؛ لتطمئنِني الممرضة عليه، كانت تسمح لي برؤيته نائمًا بعد مغادرة عائلته.

أعطتها كوثر منديلًا؛ لتمسح دموعها التي هربت تمردًا عليها:

– يا الله، ألهذه الدرجة كنت تحبيه؟

ابتسمت أمانة وسط دموعها وأشارت:

– وما زلتُ سيدتي المديرة.

طلبَت منها كوثر أن تشرب باقي كوبها، فأطاعتها أمانة، ثم أشارت:

– غادرَ المشفى بعد أربعة أيام، أخبرتني الممرضة برفضه لإجراء أي فحص لعينيه، وتصميمه على المغادرة على مسئوليته.

أخفَت كوثر وجهها بين كفيها ألمًا، بينما أخذت أمانة فرصة؛ لتتنفث ما بداخلها من وجع في صورة بكاء، وعندما هدأت عادت أمانة للسرد بإشارات متلاحقة:

- كنتُ طوال الوقت أنتظره، مؤمنة أنه لن يتركني، ظننتُ أن صدمته جعلته يتخذ قرارًا قاسيًا، لم يمضِ أسبوعًا وأرسل لي ورقة طلاقي، علمتُ لحظتها أنها النهاية لقصتنا.

قاطعتها المديرة متسائلة بفضول:

- ولمَ لَمْ تأتِ وقتها أمانة؟ لِمَ اختفيتِ؟

أشارت أمانة وعلى وجهها ابتسامة رضا:

- لم أختفي، علمتُ أني سأواجه الدنيا لأول مرة بمفردي؛ فأعطيتُ نفسي فرصة لأتعلم فعل ذلك.

تحدثت المديرة بمنطق:

- دعيني أحاول إصلاح الأمور بينكما.

قاطعتها أمانة بإشارات سريعة:

- سيدتي، لقد تخلى عني وعن الطفل، أنا الوحيدة في هذه الدنيا التي أعرفه بحق، شعور العجز يقهره، ما كنا سنستمر مهما حاولنا، وما كانت عائلته ستقبل باليتيمة بينهم.

بدا الخوف على ملامح أمانة، وهي تتابع بإشارات متمهلة:

- ربما أخذوا مني طفلي بعد الولادة.

أشفقَت كوثر على الفتاة كثيرًا؛ فأرادت أن تعرف كيف استطاعت تدبر أمورها الفترة الماضية، فأشارت أمانة:

- سيّرتُ أموري لعدة أيام بالمال الذي صمَّمَت سالي أن آخذه، خشيتُ أن أخسر بيتي، فسألت صاحب المنزل عن الإيجار، تفاجأت أن بهيَّ اشترى الشقة باسمي، وادّعى أن الأموال ميراثي ويحفظه بذلك، تذكرتُ لحظتها أن بهي محتفظ بصندوق من أجلي، وجدتُ به مالًا يسترني لشهور قليلة، ووجدت أيضًا رصيدًا بنكيًا، أعتقد أنها كل مدخراته.

ضربَت كوثر كفًا بكف، وهو تقول متعجبة:

- هذا الرجل يفعل الشيء ونقيده.

هزت أمانة رأسها نفيًا:

- بل كان ينفّذُ عهدًا قطعه على نفسه، وعدني أن يحفظ الأمانة، وفعلها.

دلّكَت وجهها براحة يدها:

- بهي رجل دقيق بكل أمور حياته، فكَّر في كل شيء، عندما تزوجَني كان الاتفاق أننا في ذات يوم سننفصل، فأمَّن مستقبلي حتى لا أَضِيع من بعده.

أشارت كوثر:

- الحياة قاسية أمانة، ستواجهين الأصعب بمفردك.

أشارت أمانة باستسلام لقدرها:

- أعلم، ليكن الله معي.

سألتها كوثر:

- لمَ أتيتِ الآن يا أمانة؟

أشارت أمانة لحقيبتها المتوسطة جوار الباب، ثم طالعَت المديرة بوجه راجٍ وهي تشير:

- سأنجب طفلًا قريبًا، ليس لي سواكن لأطمئن بينكن، أحتاج للرعاية، ولن تبخل أخواتي بذلك إن قبلْتِ سيدتي.

أشارت لها كوثر:

- بالطبع حبيبتي، الدار بيتك، وجميعنا عائلتك.

ثم سألتها:

- ولكن لا أظن أن هذا هو السبب الوحيد.

هزت أمانة رأسها:

- أخشى أن أموت.

أشارت لها كوثر:

- أطال الله عمركِ، وحفظكِ لابنك أو ابنتك.

استأنفت أمانة إشاراتها:

- لا أريد أن يُربَّى طفلي بلا عائلة مثلي، أريدكِ سيدتي إن حدث ذلك أن تسلميه لجده، أظنه العاقل بينهم وسيختار رعاية حفيده، لن يتخلّ عنه كما فعل بهي.

******

الخاتمة

بعد سبع سنوات

تجلس أمُّ بهي باكية جوار باب غرفة ابنها ترجوه أن يفتح لها، لم يتناول الطعام منذ الأمس، قلبها يمزقها ألمًا؛ لقد تسببت في تعاسة وحيدها.

بهي الأقرب لقلبها، أحبته أكثر من بقية أخواته حتى ختم الحب على قلبها؛ فطمس الحقيقة التي كانت طوال الوقت أمام عيونها.

بهي ضائع، وأخواته وأزواجهن عمَى الطمع قلوبهم، كما عمى حبُّه قلبها، استكثروا عليه جميعًا أن يحيا حياة طبيعية، ينعم بزوجة وأبناء، وهي كالغافلة أعطتهم الفرصة لطعنه.

نعموا بحياة رغدة على حساب زوجها الراحل، غير آبهين لبهي، لم يراعِ أحد أزمته النفسية، تركوه معتزلًا بغرفته طيلة ثماني سنوات، لم يهتم أحد بإجباره على العلاج ليسترد بصره.

ابنتها التي كانت تغدق عليها من خيرها وتفضلها على بقية بناتها حرمته من زوجته وابنه، وخاض زوجها في شرف المسكينة ليرسلوها لجحيم عقولهم ونفوسهم المستكبرة.

دبّر سعيد وخطّط للسيطرة على الثروة، فأصبح الآمر الناهي في كل شيء، وكانت هي من تسانده ظانة أنه الأمين الوفي الخائف على مصلحتهم، سعى بكل السبل لتزويج بهي من أخته، حتى كره بهيّ مجرد الخروج من غرفته؛ لكيلا يسمع كلماته الموجعة، أن أخته لحمه ودمه وستكون عينيه ولسانه.

كلمات توجع ابنها، وهي تظنها وعودًا كريمة ستمنحه مستقبلًا أفضل، تحمد الله الآن على رفض بهي القاطع، وإلا كان ذلك الخائن قتله منذ أمد.

تنتحب حتى جفَّت الدموع من مقلتيها متذكرة كيف تكالبوا عليه جميعًا عندما علموا أن أباهم كتب كل أملاكه باسمه، نعتوه بالخائن السارق آكل الحقوق، وهو الجاهل مثلهم بوصية أبيه، هي من طلبت من المرحوم ذلك؛ لتحمي بناتها عندما علمت هي وزوجها أن سعيد يسرق المحل، فتركاه إكرامًا لابنتهما الحمقاء التي طاوعته في محاولة قتل أخيها، ما عاد اللوم ينفع، تفرّقَت عائلتها التي ظلت طوال عمرها تحاوطها.

يخرج بهي من غرفته محركًا عصاه المعدنية أمامه يمينًا ويسارًا؛ ليستدل على طريقه، فاصطدمت بأمه التي وقفت بسرعة وأجبرته على السكون بحضنها:

- ابني، حبيبي، سامحني.

انهار بهي فبكى على صدرها، وهو يعافر لكبح دموعه ونطق كلماته:

- لي طفل يا أمي لم أعرف بوجوده.

تربتُ أمه على ظهره بحنان:

- سيجمعك الله به بني.

اشتد بهي في النحيب وهو يتلعثم:

- لا أعرف ما كانت ردة فعلي لو علمتُ وقتها.

ابتعد بهي عنها قليلًا، ليسألها بحيرة:

- هل كنتُ سأتركه أمي؟ هل كنتُ سأتخلى عنهما؟

ضمّت وجهه بين كفيها وهي تبكي:

- لا حبيبي، ما كنتَ لتفعلها قط، أنت رجل صالح.

ابتعد بهي بينما استمر في البكاء:

- لا أعرف أمي، أنا ضعيف، لست صالحًا كما تظنين.

هزت رأسها نفيًا:

– لا حبيبي، لا تقسو على حالك.

ضغط على حروفه البائسة لتخرج، فقد ساء نطقه تمامًا حتى كاد لا يُفهم:

– ساعديني أمي.

ضمت وجهه بين راحتي يدها:

– اطلب فقط ولكَ ما تريد بُني.

مسح بهي وجهه بعد أن أبعد نفسه خطوة للوراء عن أمه:

– اتصلي بالمحامي الآن.

قطبت ما بين حاجبيها بتساؤل:

– لمَ يا بني؟

أجابها بصعوبة:

– لأعيد لأخواتي حقوقهن.

لترد بحسرة:

– كتبَ أبوك أملاكه باسمك؛ لتحافظ عليه لهن، أزواجهن سيضيِّعون عمل أبيك واسمه.

ليعترض بهي بتلعثم:

– أنا من كان سيضيع بالأمس أمي.

نطق بحسرة وندم:

– بل أنا من ضِعتُ منذ ثماني سنوات، ذلك الميراث دمّر حياتي.

رجاها بحروف ثقيلة مبعثرة:

– أريد أن أسترد عمري الضائع... أستعيد حياتي... أستعيد أسرتي، ساعديني أمي.

هزت رأسها:

- سأفعل بهي، سأفعل كل ما يرضيك.

***

انصرف المحامي بعد أن مضى بهي على كل الأوراق اللازمة، أعاد لأخواته حقوقهن كاملة، أراد أيضًا أن يمنحهن نصيبه؛ ليتخلص من كل ما يربطه بحقدهن، ولكن منعته أمّه بإصرار من ذلك، ميراثه لم يعد من حقه، بل هو حق ابنه أو ابنته، كما أن ذلك الميراث بمثابة رمانة ميزان أملاك أبيه؛ لتمنع هي أيدي أزواج بناتها من نهبه.

ترك بهي مقعده المجاور لأمه، ثُمَّ ركع على ركبتيه أمامها، خلع عنه نظارته السوداء، فقرأت بوجهه وداعًا لن تقبله:

- لا يا بهي.

ثم بكت راجية وهي تتلمس وجهه:

- لا تفعلها وتتركني.

قبّل راحة يدها الأقرب إليه، ونطق بصعوبة:

- يجب أن أبحث عن أسرتي.

هزت رأسها بجزع:

- ابحث عنهم دون أن تتركني.

حاول التحامل على نفسه ومنع دموعه من الهبوط، ولكن خانته؛ فنطق بحروف مرتبكة:

- لن ينجح الأمر هكذا، تعلمين ذلك أمي، بقائي يؤذيني.

استمرت في بكائها:

- ليس لي سواكَ حبيبي، أنتَ ظهري وظهر أخواتك.

ضم يديها بين يديه ليقبلهما:

– أخواتي آذوني أمي، لن يصفو قلبي لهن، أرادوا موتي من أجل متاع دنيا زائل.

ظلت ترجوه بكلمات مكررة ألا يرحل، فحاول إقناعها:

– سيدنا عمر بن الخطاب قال ''اعتزل ما يؤذيك''، أنتم تؤذونني أمي.

انهار باكيًا على ساق أمه التي ربتَت على رأسه بحنان، فقد حان وقت إطلاق يدها؛ لتترك لوحيدها الفرصة في الحصول على حياة تسعده:

– لا تبخل على أمكَ بزيارتك.

رفع رأسه، فقبّلته:

– أحضِر زوجتك وحفيدي لأراهم قريبًا.

حاول النطق بسلاسة، ولكن صعب عليه الأمر:

– قد لا يرغبون في استقبالي، قد يرفضوني يا أمي.

اعترضَت بثقة:

– لا يمكنها رفض حبكَ لها، ستتمسك بك.

كان بهي متشكّكًا من ذلك:

– إن غبتُ عنكِ فهذا يعني أنني وجدت بر أماني أخيرًا، وأصبحتُ معهما.

ابتسمَت أمه وهي تجاهد لإخفاء دموعها:

– إذًا غِب قدر ما تستطيع، سأكون مطمئنة عليك، أعلم أنها سترعاك، وسيجمع حفيدي بينكما.

سحب يدها ليقبّلها:

– سأغادر الآن.

منعته أمه مبتسمة:

‫– لا، سأتصل بالحلاق؛ ليقص شعرك المشعث هذا، ويهذّب ذقنك‬
‫العشوائية تلك، وسأجهز لك ملابسًا تليق برؤيتهما، يجب أن‬
‫يروك وسيمًا مهندمًا.‬

‫ابتسم بهي أخيرًا، وهو يقبّل يد أمه بعد أن حصل على رضاها‬
‫ودعواتها بجمع شمله مع أسرته.‬

‫***‬

‫أمين؛ ذلك الطفل الشقي العابث دائمًا يستغل طلبات محل أمه؛‬
‫ليتسكع في الطرقات مع رفاقه.‬

‫كانت أمانة تترك طفلها تحت ناظريها وسط أطفال الحارة منذ‬
‫صغره؛ ليتمكن من النطق تقليدًا لهم حتى لا يصبح الكلام عائقًا‬
‫أمامه.‬

‫لا يعرف متى مشى في الشارع لأول مرة، فهو يظن أنه خرج‬
‫من رحم أمه يقذف الكرة في المرمى.‬

‫طلبَت منه أمانة أن يشتري لها طبق بيض بسرعة، ففعل على‬
‫الفور، ولكن رفاقه دعوه ليشاركهم لعب كرة القدم، فترك طبق‬
‫البيض على الرصيف وانهمك في اللعب، ذلك الطفل من يراه لن‬
‫يصدق أنه في السابعة من عمره؛ فقد ورث الطول عن أبيه عكس‬
‫أمه شديدة القصر، بينما ورث عن أمه بشرتها الحنطية، لا يتوقف‬
‫أبدًا عن الكلام والصراخ في أرض الملعب؛ فالكرة عشقه، والنادي‬
‫الأحمر حلمه.‬

‫أوقف سائق السيارة التي تقل بهي سيارته جوار الرصيف؛‬
‫ليهبط بهي بأمان بعيدًا عن الزحام، ثم تحركت السيارة بعيدًا.‬

‫ما لم يدركه بهي أنه أثناء فتحه للباب أطاح طبق البيض بعيدًا‬
‫فانكسر ما به، لم ينتبه إلا عندما صرخ أمين:‬

‫– ألا ترى أمامك يا عم؟! أأنتَ أعمى؟!‬

الْتفَتَ بهي اتجاه الصوت، وقد أدرك أن الحديث موجه إليه، فنطق متلعثمًا:

- عفوًا بني، سأعوضك عن أيٍّ كان ما أتلفته.

خبط أمين كفه بجبينه، فقد أدرك أن الرجل ذا النظارة السوداء والعصا الرفيعة المعدنية لا يبصر، اعتادت أمه اصطحابه لدار الرعاية، ويدرك كم أنهم شديدي الحساسية؛ لذلك أنّبَتْه نفسه على مضايقة الرجل؛ فترك رفاقه وأسرع بالاقتراب من بهي معتذرًا:

- آسف عمي لم أقصد.

تحسس بهي رأس أمين مبتسمًا:

- لا عليك، لم تقل شيئًا ليس حقيقيًا، من أتلف شيئًا فعليه إصلاحه.

حاول أمين جاهدًا فهم كلمات بهي فلم يستطع لشدة تلعثمه، ولكن عندما أخرج بهي محفظته أدرك الصغير أنه سيعوضه بالمال، مدّ بهي يده بورقة نقدية، فرد أمين يده:

- لا أقبل العوض عمي، هكذا علمتني أمي.

ابتسم بهي للصغير فكلماته قوية:

- كم عمرَكَ بني؟

طول قامة أمين تجعله محل سخرية أقرانه، فاعتاد الكذب بشأن عمره؛ لينفذ من تعليقاتهم:

- عشرة أعوام.

قطب بهي جبينه تعجبًا؛ فعمر الصبي لا يتناسب مع صوته الرقيق الذي يدل على صغر سنه، لا يعلم بهي ما سبب شعوره بألفة ناحية ذلك الطفل؛ فأراد التحدث إليه أكثر فسأله مبتسمًا:

- وماذا علّمك أبوك؟

استطاع أمين فهم السؤال هذه المرة، فأجاب بهدوء كما علمته أمه:

- أبي تائه لا يعرف طريق البيت، عندما أكبر سأبحث عنه وأحضره.

***

ساعد أحد الشباب بهي للوصول للمنزل بعد أن تركه أمين؛ ليجلب بيضًا آخر لأمه.

صعد درجات السلم بتمهل، لا يعلم إن كان ذلك خوفًا من السقوط، أم خوفًا من لقاء أسرته، وصل للطابق الثاني؛ فتحسس الجدار ليرن الجرس وهو يحاول التقاط أنفاسه المتوترة.

رأت أمانة ضوء الباب، فأدركت أن ابنها الشقي قد أضاع مفتاحه أثناء لعبه للكرة، وضعَت حجاب رأسها وهي تتوعده بالعقاب على تأخره الذي يصيبها بالقلق.

سمع بهي صوت حركة بالقرب من الباب؛ فازدادت خفقات قلبه.

فتحَت أمانة الباب لتتفاجأ بطليقها أمامها، لو كانت تتحدث الآن لأصابها الخرس من المفاجأة.

شعر بهي بوجود أمانة أمامه، أراد محادثتها ولكن تحشرجَت الكلمات بحنجرته.

كان الصمت سيد الموقف، لم يحرك أحدهما ساكنًا حتى دلفت أمانة لداخل الشقة هربًا من النظر إليه، تاركة بهي على الباب.

حرك بهي عصاه يمينًا ويسارًا أمامه؛ ليتأكد من دخولها، ثم دخل متحسسًا خطواته.

وقفَت أمانة تنظر إليه، ثم مسحَت وجهها الدافئ براحتي يديها، دقات قلبها تتسارع، فقدت الأمل في عودته منذ أمدٍ بعيد، ولا تعرف لماذا حضر الآن.

منذ الأمس وهو يتخيل لقاءهما، فكر كيف سيبرر تخليه عنها وعن طفلهما، تصور كيف سيطلب سماحهما، لا يعلم إن كانت ستغفر له أم ستطرده من حياتها للأبد.

سقطَت دموعها وهي تتذكر كيف قضت أيام حملها الصعبة وحيدة، تهَيمنُ عليها ذكرى يوم إنجاب طفلها، يوم ظنّت الموت أقرب إليها من رؤية طفلها، لم تُمحَى ليلة ارتفاع حرارته وهو ابن ثلاثة أعوام، تجري به لتوصله للمشفى فجرًا؛ لإنقاذه وسط عجزها عن طلب المساعدة، ذكريات توالت أمامها أغلبها مُرَّة، ولكن علَّمتها أن تكون أشد بأسًا لتتحمل.

حضورها أفسد الشجاعة التي قدم بها، نزع نظارته، ونطق بتلعثم شديد بعد صمت طويل:

- لَمْ أعلم.

سقطت دموعها في نفس اللحظة التي سقطت دمعة من عينه وهو يشير لها معترفًا:

- لا أعرف ماذا ستكون ردة فعلي لو كنتُ عرفتُ بحملك، لا أعرف إن كنتُ سأحافظ عليكِ، أم سأتخلى عنكما.

انهارت أمانة باكية؛ فجلست أرضًا على ركبتيها دون أن يشعر بـهي.

تمادت دموعه، يعلم أن كلماته تلك لن تساعده، بل قد تدفعها لطرده، ولكنه لن يتحمل أن يكذب على نفسه، أو عليها فاستمر في إشاراته:

- لا أعرف نفسي أمانة، أنا ضعيف، لم أدرك أنكِ قوتي، مِن غيركِ ضائع.

حاولَت أمانة فتح عينيها؛ لتتابع إشاراته، ولكن دموعها شتّتَت رؤيتها، بينما يشير بهي بألم وعجز وقد أدرك من سكونها أنه منبوذ من حياتهما:

- لا أستحق غفرانك، أجرمتً بحقك، تخليتُ عنكما، ولا مبرر يشفع لي عندكما.

نطق أخيرًا ببطء؛ لتتضح حروفه قبل أن يعطيها ظهره ليغادر:

- أنا أعمى القلب كما قلتِ، سامحيني أمانة.

***

سجدت أمانة باكية، يؤلمها قلبها، لم يكن بهي أعمى القلب، بل هي عمياء العقل، فكيف كانت ستصير حياتهما سويًا، تلومه على تخليه عنهما، ولم تفكر في شعوره بالعجز أمامها وليس بيده حيلة ليساعدهما، أتاها الآن ليفتحا صفحة جديدة سويًا فتجمدت مصدومة، ولم تعطه أملًا يستحقه.

ها هو الآن يرحل هاربًا مجددًا منها، رحل منكسرًا تاركًا إيّاها تبكي بمرارة، يكاد قلبها يخرج من بين ضلوعها كمدًا على حبيب ضائع تائه لا بر أمان يأويه.

ربَتَ أمين على كتفها، فطالعته بلهفة وأشارت:

- منذ متى وأنت هنا؟

فأشار أمين:

- الكثير أمي.

ازدادت حدة بكائها، فجلس طفلها جوارها ثم مسح بيده الصغيرة وجنتها، طالعت عينا الصغير الصامت طويلًا، ثم أشارت إليه:

- ما رأيك؟

وضع أمين يده على وجنته بحزن:

- الرأي رأيكِ أمي.

احتدت أمانة فأشارت ثانية بحزم:

- ما رأيكَ؟

ثم نظرت إليه راجية أن يعينها:

- ما كنت متخذة أمرًا من دونكَ صغيري.

فأشار الصغير:

- كان تائهًا، والآن وجد بيتنا، هو وحيد أمي.

ابتسمت أمانة أخيرًا، فقبّلت رأسه، ثُمَّ أمسكت بيده، و ركضا سويًا بينما تمسح دموعها بيدها الأخرى، هبطا السلالم في عجل، وجدته لم يصل للطابق الأرضي بعد، أمسكت بذراعه تمنعه من الهبوط؛ فالْتفَت إليها وكأنه وجد بر أمانه، فابتسم بينما عيناه تلمعان.

وقف أمين أمامه ورافعًا رأسه لأعلى ليراه:

- لا ترحل أبي.

زادت ابتسامة بهي، وهو يضم الصغير إليه بيمينه، وقد أدرك أنه الطفل الذي قابله منذ قليل.

مسحت أمانة دموعها وهي تشبك أصابع يدها بيده اليسرى، تمسّكَ بها بقوة، فاقتربت منه أكثر، ألقَت برأسها على صدره، وأصبح الصغير محاصرًا بين جسدهما.

ضمها بهي بيمينه إليه أكثر، عجز عن الكلام نهائيًا، فقد وجد سكنه أخيرًا، ابتعدت أمانة قليلًا، ثم سحبت يده لتقربها إليها، فأمسكت براحة يده؛ لتخط بإصبعها ببساطة كلمة كلمة:

- كنت أنتظركَ.

ابتسم بهي حتى ظهرت أسنانه، بينما تابعت الكتابة:

- تأخرتَ كثيرًا.

لم يعرف الصغير ما تكتبه أمه جعل والده يطرب فرحًا؛ فشبَّك ذراعيه الصغيرين أمام صدره مراقبًا لهما بغيرة على أمه.

اتسعت ابتسامة أمانة؛ فرفعت أحد حاجبيها بمكر أنثى وهي تكتب:

- استعد لعقابي حبيبي.

******

لزيارة موقع الدار

لزيارة صفحة الدار

للتواصل مع الدار واتس آب

مجلة الدار لإصداراتها الورقية